学生成长关键事件与关键对话

郭　淼 ● 主编

中国石油大学出版社

山东·青岛

图书在版编目（CIP）数据

学生成长关键事件与关键对话 / 郭淼主编 . -- 青岛：
中国石油大学出版社，2024. 3
ISBN 978-7-5636-7768-9

Ⅰ. ①学… Ⅱ. ①郭… Ⅲ. ①青少年教育－研究－中
国 Ⅳ. ① G775

中国国家版本馆 CIP 数据核字（2024）第 094276 号

书　　名：学生成长关键事件与关键对话
　　　　　XUESHENG CHENGZHANG GUANJIAN SHIJIAN YU GUANJIAN DUIHUA
主　　编：郭　淼
责任编辑：朱纪寒（电话　0532-86981529）
责任校对：陈亚亚（电话　0532-86981529）
封面设计：孙晓娟
出 版 者：中国石油大学出版社
　　　　　（地址：山东省青岛市黄岛区长江西路 66 号　邮编：266580）
网　　址：http://cbs.upc.edu.cn
电子邮箱：zhujihan2023@foxmail.com
排 版 者：胡俊祥
印 刷 者：泰安市成辉印刷有限公司
发 行 者：中国石油大学出版社（电话　0532-86983437）
开　　本：710 mm×1 000 mm　1/16
印　　张：14.75
字　　数：285 千字
版 印 次：2024 年 3 月第 1 版　2024 年 3 月第 1 次印刷
书　　号：ISBN 978-7-5636-7768-9
定　　价：58.00 元

前 言
PREFACE

　　中等职业教育作为连接基础教育、高等教育和职业生涯的重要桥梁,其重要性不言而喻。学生正处在青春蓬勃的年华,对未来充满憧憬和向往,同时也面临着学业压力、人际关系等多种困扰。每个学生的成长路径都是独一无二的,但他们的成长中总会出现共通的关键事件,如重要考试、实习经历、与导师的深刻对话及家庭的支持与冲突等。对话是连接人与人之间最直接、最有效的途径之一。这些对话可能是一位老师对学生的谆谆教诲、一次朋友间的真诚交流,也可能是一次自我反思的内心独白。无论是积极的还是消极的,这些事件和对话都是学生成长过程中不可或缺的部分,甚至成为学生个人成长的关键转折点,不仅影响着他们的职业选择,还塑造着他们的人生观和价值观,因此值得我们深入探讨和总结。

　　《学生成长关键事件与关键对话》一书旨在深入挖掘这段旅程中的决定性时刻和转折点,以及那些塑造、指引和激励学生们前行的关键对话。本书的章节设定基于家长、教师和学生对成长关键事件的相关调查结果。全书围绕新生适应、习惯养成、身心健康、学业指导、安全教育、网络素养、家庭沟通等学生在不同生活领域所遇到的关键事件展开。书中通过具体案例和真实对话展示了学校教育、家庭教育、职场教育在学生的个人发展和职业规划中所扮演的角色,以及他们遇到的挑战、困惑,同时提供了相应的对话策略。通过深入剖析成长关键事件,读者能更好地理解学生的内心世界,以及这些经历如何帮助他们建立起规则意识、道德准则、职业精神,并赋予他们未来面对挑战的勇气和信心。

　　书中结合马歇尔·卢森堡的非暴力沟通理念及科里·帕特森的关键对话艺术等,倡导在解读学生成长关键事件时,教师应基于无条件的爱,秉持成长型思维模式,相信学生的潜力是巨大的,是可以不断发掘的。教师应该重视学生人格的完善,尊重他们的兴趣与爱好,鼓励他们在面对关键事件时注重过程,聚焦成长,勇于尝试。在此基础上,教师还需要就关键事件向学生提出建设性意见,帮助他们以更广阔的视角理解关键事件,以更积极的姿态挖掘自身的内在潜力,化压力为动力,将成长中的关键事件转化为成长的基石。

　　我们希望这本书能够成为一个平台,不仅为学生提供一个反思与自我发现的空间,还为所有关心学生成长和教育的人士提供洞察和理解的机会。我们不仅相信每个学生的成长故事都值得被看见,还期待每次关键对话都能成为学生成长道路上的里程碑。我们也衷心希望本书能够对学生的成长和发展起到积极的促进作用,成为他们成长道路上的良师益友,为他们的未来之路增添更多的信心和力量。愿每个学生都能够在关键事件和关键对话中找到自己的成长路径,努力走向更加充实和美好的人生!

郭　淼

2024 年 1 月

目 录
CONTENTS

第一篇 Part One

新生适应

让青春在赏识中飞扬

事件描述

新生入校体检时，我第一次见到了我的学生们。体检结束后，每个学生都会来找我签字。当一个烫着黄色头发的男孩走到我面前时，我用极温柔的语气对他说："孩子，你的头发不太符合咱们学校的要求，能不能回去理一下？"孩子低头签字，一声不吭，签完后便扭头离开了。我愣愣地望着那个男孩的背影出了神。戏剧性的一幕发生了，男孩突然返回，冲着我大声喊道："剪成光头才好呢！"那张稚嫩的脸似乎与我只有一毫米的距离，令人窒息。他随后扬长而去，留下一脸茫然的我。从那以后，我就记住了这个张扬的姓吕的男孩。

事件分析

该事件属于班主任工作职责中的学生思想工作范畴。班主任先要让孩子明白，师生之间并非敌对关系。中考失利的学生往往因缺乏自信而给自己贴上"我是差生"的标签，他们试图通过标新立异来引起他人的注意，内心实则渴望得到外界的肯定。面对这类学生，教师和家长需要携手合作，增强学生的自信心。班主任尤其需要把握住新生入校这一重要的教育契机。

对话策略

一、首因效应，把握契机

进入学校后的第一次见面是在教室里，我和一个男同学（事先和该同学约定好带着吕同学）说："你去打一桶水，然后冲洗一下拖把。"随后，我对站在旁边的吕同学说："你可以一起去吗？"他愣了一下，那个男同学拉了他一下说："走吧，一起去。"回来后，两个男同学一起把教室的地面拖得非常干净。当全班同学都到齐后，我说："同学们，你们现在能坐在窗明几净的教室里，应该感谢吕同学和马同学，是他俩的付出让我们有了这个温馨的家，为我们这个新集体增添了绚烂的一笔。你们的过去我一无所知,但我希望以后每个同学都能通过做一件好事让我记住你。这两位同学已经给我们树立了榜样……"我看到吕同学在受到我的表扬时,身体慢慢坐直了。中午放学时,我悄声问:"可以把头发理一下吗?"他点了点头。

二、榜样示范,播种希望

每个学生都渴望被爱、被赏识。在军训期间,我特意请教官大力表扬了有运动特长的吕同学。下雨天,当同学们在教室里训练时,我安排吕同学到教室前面为全班同学做踢正步的示范,并任命他为"小教官",让他帮助站姿不标准及踢正步不规范的同学矫正姿势。吕同学的眼中闪过一丝羞涩,但脸上多了些许自豪。在随后的军训中,他始终做得非常标准。这份被当作好学生的荣誉成为他在新环境中成长的动力。在新学校好好表现的期待在他心中生根发芽。

三、积极心态,持续进步

学生的积极心态尤为重要。在班会上,我播放了刘媛媛的演讲《寒门贵子》,旨在让学生明白,无论出身于何种家庭,拥有怎样的过去,积极的心态都可以让人生不设限。通过经常谈话,我不断对吕同学说:"你是一个很有潜力的人,我相信你可以做得更加出色!"通过这种方式,我帮助吕同学建立自信,激发他深耕自己的动力。此外,我还利用优秀毕业生回母校的机会,邀请上一届的学生指导吕同学如何担任班级体育委员。这不仅让他从内心认同老师是真心帮助和欣赏他的,还促使他的行为从消极对抗转变为积极行动。在短短不到一个月的时间里,他从最初连稍息、立正都喊不出口的状态,成长为可以独立指挥班级队伍,做到快、静、齐的优秀班干部。他的成长与进步是大家有目共睹的。

🔘 对话成效

从教室里的第一次表扬开始,吕同学的腰板挺得越来越直。"我是好学生"的信号一经发出,"被看见、被欣赏"的期待感与班级的集体荣誉感开始在他心中萌芽。面对班级制度的约束,他不再消极对抗,而是积极地去执行。这不仅降低了班级的管理难度,还为同学们树立了榜样。由于在班级体育工作中表现出色,他很快被选拔到校文体部。在随后的三年里,吕同学一路从体育委员干到班长,再到学校的文体部部长,最后成为学生会副主席,他的成长与进步赢得了师生们的广泛赞誉。在这个过程中,赏识教育在重建他的自尊体系方面发挥了重要作用。可以说,赏识教育是一种充满爱的教育,可以让学生的青春焕发出绚丽的光彩。

一封匿名信

📝 事件描述

新生入学仅一个月时,繁杂的学籍录入工作也刚刚告一段落。不同特点的孩子们每天都在相互磨合,而新建的班委也正处于试运行阶段。半夜11点了,正准备睡觉的我打开了微信,结果导致我整夜未眠。

我看到班里的团支书在晚上9点转发来的一封匿名信。团支书写道:"老师,我今天下午收到了一封给您的信,刚刚才看到。这封信是同学拜托我帮忙转发的,我给您看看。"匿名信内容如下:

老班,我想就班长开学以来的种种作为对您进行汇报。首先,班长总是带有偏见地对待班里的同学。对于跟她关系好的同学,她就开后门;对于跟她关系不是很好的同学或不熟的同学,她就会区别对待。这真的很不公平!其次,班长在开学初期管教同学时总是习惯于打骂。那些同学虽然表面上没说什么,但是实际上很反感这种行为。再次,班长是个很懒惰的人,很不注重个人卫生,甚至开学以来只洗过3次脚,这样子真的做不了同学的榜样。她总是把最好的一面展现给您,但私下里的样子,您可能不知道,而同学们都看在眼里。我希望老师能慎重考虑班长的职位到底适不适合她。当然,最后决定权在您手里,请您三思。

🔍 事件分析

经过了解,事件的起因确实是班长在管理过程中未能做到公平公正,同时在个人卫生方面也存在一些问题,这些引发了部分同学的反感。然而,整个班委团队是基于同学们在初中时的职位经验,经过自荐、他人推荐及师生评议等程序组建而成的。因此,事件的本质是班长在工作方式方法上存在问题,需要自我调整并与同学们协商以寻求解决方案。我认为班长的任免应当由全班师生商议决定,而不应仅由班主任一人来决定。

在我眼中,班长的管理能力在众多学生中算是比较突出的。从开学之初,她就主动承担起班里的各项管理工作,无论是每天的出勤检查,还是自习课的纪律维持,她都表现得非常积极,全心全意地为大家服务。此外,她在初中时期就已经担任了3年班长,对班级事务了如指掌,是老师的得力助手。她虽然因中考偏科未能考入普高,但是在职高期间学习非常努力,默默地为提升自己的学历层次而认真准备着。在班级工作方面,她同样积极投入,不仅负责组织管理,还总是想在大家前面,为班集体的建设付出了大量的心血。然而,从同学们的角度看,这封匿名信中反映的问题确实存在,班长的管理风格确实有待改进之处。作为住宿生,她应当注重个人卫生,以免给室友带来不便。

写匿名信的同学,我大致也能猜到是谁。她的性格较为内向,平日里少言寡语,与班长敢说敢做的风格形成了鲜明对比。

总体来说,这属于新生入学磨合期的学生内部矛盾。班长未能以平等之心对待每位同学,其强硬的管理风格引起了部分同学的不满。有些同学虽然迫于班长的威严而不敢当面质疑,但是私下里用自己认为正确的方式向班主任反映问题,希望班主任撤掉班长的职务。这反映出该学生认为问题的解决需要依靠班主任罢免班长,而非自己出面理论,同时也体现了她内心深处的被管理者意识。

🗨 对话策略

一、针对写匿名信的同学

我不打算点破具体是谁写的匿名信,但我会从两方面进行引导。一方面,我会通过主题班会等多种途径,引导全班同学树立主人翁意识,鼓励他们勇于行动,共同构建健康开明的班风。另一方面,我会引导同学们认识到,班委的任免应当以个人能力和全体同学的评判为基础,而非仅凭班主任一人决定。同学们不应将班主任视为"独裁者"。我希望能为每位同学的全面发展和个性发展提供资源与助力,帮助他们发掘自我成长的潜力,引领他们走向更广阔的人生。这才是班主任应扮演的角色。

私下里,我多次为这名写匿名信的同学创造机会,让她负责一些班级管理事务。然而,由于缺乏班级管理经验及个人能力的局限,她并不擅长根据不同要求将任务灵活分配给不同特点的同学,只会自己埋头苦干。因此,她虽然常常忙得不可开交,但是往往无法按时完成任务,整体表现也相对一般。我想,她内心应该也体会到了班长管理工作的艰辛。但我没有直接说出来,而是继续为她提供适当的管理机会,鼓励她与同学们多交流,以拓宽她的思维和眼界。

二、针对班长的管理态度问题

我把匿名信给班长看了。她虽然机灵地辩解了几句,但是显然已经明白了应该怎么做。班长立即表示,会改正自己的错误态度,以"为同学们服务"而非"管理同学们"的心态来做事。于是,我也无须再多说什么,只是送了她一句话:"那就看你的行动和大家的反馈吧。"

三、针对班级的常规管理

通过日常小事的责任归属划分及主题班会等形式,我致力于培养全班学生的自我管理意识,培育他们"我的班级,我要负责"的主动管理者意识。我致力于优化班级的整体氛围,特别是通过加强体能训练,如每天安排俯卧撑等锻炼活动来塑造全班学生阳光开朗的性格,从而提升班级凝聚力。同时,我积极倡导"有事当面说,对事不对人"的班级民主讨论氛围,以期形成敢于表达、善于沟通的班级风气。这些工作并不是通过一两次谈心或主题班会就能一蹴而就的,而是需要长期的坚持与努力。自匿名信事件以来,全班同学已坚持近一年的体育锻炼,他们的体能得到了显著提升,硬朗、坚韧的个性也逐渐在他们每个人身上显现出来。

对话成效

当同学们以主人翁意识来看待问题时,所有的矛盾和问题便逐渐得到了解决。团支书学会了开导大家;写匿名信的同学也敢于就事论事,直接找我反映问题了;全班同学在每周的总结班会上能够各抒己见,直至最后达成共识;曾经带有小权力意识的班长现在也虚心多了,跟同学们说话时语气温柔了许多。总之,全班同学现在更具自我管理意识,不再将班主任乃至班长视为不敢挑战的权威。从整体上来说,班级工作已步入良性的自治管理模式,而我这个班主任也终于如愿以偿,成为孩子们的教练和陪练,而非他们想象中的权威人物。

插班生笑了

📝 事件描述

周三早自习前,班长告诉我,彤哭了。原来,她想转回原来的普通高中。彤是我们班的插班生,刚来没多久。依据中等职业教育与高中教育合作的人才培养模式(简称"普职融通"),彤在高一下学期从普通高中转到了我们这所职业学校,并从高二降至高一,加入了我们班,开始住校生活。她性格偏内向,曾担任语文课代表;擅长排球,曾代表学校参加过市级排球比赛。在本次"普职融通"项目中,虽然有 7 位同学有意转到职业学校,但是最终只有她选择到职业学校学习,希望通过"职教高考"实现大学梦想。她妈妈起初并不支持,但最终还是尊重了女儿的决定。

我记得教务主任带彤来班级时,彤显得比较拘谨,说话声音也很小。出于对她的关心和照顾,我特意将她安排在班长所在的宿舍,并且为她选择了一位同样擅长排球的女生作为同桌,希望她们能够相互学习、相互帮助。在把彤正式介绍给全班同学后,我简要地向她说明了学校的相关要求,并特别提醒班长和其他班干部要与彤多交流,协助她更好地适应新环境。后来,彤告诉我,她觉得自己适应得还不错。我也因此稍微放心了一些。然而,出乎我的意料,仅仅过了两天,彤就表达出了想要转回原来学校的意愿。

🔍 事件分析

这是插班生在适应新环境时面临的问题。根据"普职融通"政策,普通高中学生如果觉得学习强度和任务过重,就可以选择转入职业学校。

就彤的学习基础而言,经过两天的学习,她应该能够感知到职业学校的学习压力和学业任务相比普通高中要轻。此外,由于她从高二年级转到高一年级,已经学过一遍文化课知识,而新接触的专业课如《餐饮理论》《旅游心理学》又主要侧重于记忆,因此中职的学业难度对她来说应该不构成太大挑战。因此,她要求转回普通高中可能不仅是因为学业上的不适应,还可能存在其他多方面的原因,如对新环境的陌生感、与同学或老师之间的沟通问题或者对未来职业规划的重新思考等。

她加入了新的班级,要面对30张陌生的面孔,又住进了陌生的宿舍,而同学或舍友已经经过了一个学期的磨合,相互之间比较熟稔,因此,她不可避免地会感到插不上话、难以融入的尴尬。作为高中转学的学生,她本应具备应对新环境并进行自我心理建设的能力。然而,令人疑惑的是,难道仅仅两天的相处,这种心理建设能力就会脆弱到让她选择逃避吗?对于有过一年半高中住宿生活经历的彤来说,虽然可能会存在人际关系和环境不适应的问题,但是可能还会有其他原因,这需要进行深入分析。

随着对彤的深入分析,我意识到需要了解家长对孩子当前状况的看法。毕竟最初的信息显示,家长对孩子的选择并不完全认同。这种不认同是否影响了彤的认知和判断,进而让她产生了退回普通高中的念头?这是我需要深入探究的问题。因此,与家长的沟通应当成为我接下来对话的重要内容。

👥 对话策略

一、聚焦事件,循循善诱

在得知事情的第一时间,我和彤来到了学校的休憩区,希望这里静谧的环境能够舒缓她焦虑的情绪。同时,我也希望通过交流来了解事情的原委,从而对她进行有效引导。

首先,我委婉地向她表达了歉意。虽然我考虑到她在新环境中可能会遇到诸多不适应,并从宿舍安排、同桌选择等方面进行了协调,但是我的工作还是没有做到足够细致。彤听到我的歉意后,很明显地从自己的情绪中转移了出来,尝试着表达对我的谢意。她感谢我对她的关心和用心。可以看出,这个对话的开场白有效地帮助她从复杂的情绪中抽离出来。经过礼貌的沟通,她的心情也得到了一定程度的平复。同时,这也让我与彤之间的距离得以拉近。

其次,我与她进行了"事件分析",目的是鼓励彤说出自己的真实想法,以便我们进行深入的沟通,这也是《关键对话》一书中所强调的关键步骤之一。当我问她:"是不是因为有些同学或者舍友不友好,造成了不愉快或者误会,所以你想退回到原来熟悉的环境中去?"她稍作停顿,似乎想要说些什么,但最终还是摇了摇头。鉴于我之前对班长(同宿舍)有过特别的嘱咐,并且我对班长灵活处理问题的能力比较有信心,我推测可能是同桌的问题导致了人际关系的不适,因为这位同桌与彤的性格迥异。我试探性地问她:"是不是同桌似乎不太愿意和你讲话?"她点了点头。看来,我在安排同桌时只考虑到了兴趣爱好的相似性,却忽略了性格差异可能带来的不适感。为了让她安心,我承诺会帮她调整同桌,找一个更合得来的同学。

听到这话,她脸上的表情有了一丝放松。

再次,我与她就家长的影响进行了初步沟通。当我问彤:"想退回原学校的事情,家长是否知情,他们的意见如何?"她表示家长已经知道这件事,并且让她自己决定。然而没说几句,彤突然哭了起来。这样的情绪反应显然说明我们的对话触及了问题的核心。"我妈妈不能理解我,不知道我在说什么。"在我与她的对话中,这句话让我印象最深。她非常渴望得到家长真正的理解、尊重和支持。

二、分析现状,引导家长

在安慰了彤之后,我主动与彤的妈妈进行了电话沟通。在电话中,我详细地描述了彤目前的精神状态,以及我们交流的内容,并询问了她对彤想要退回原学校的看法。我通过沟通了解到,彤在普通高中选科后承受了巨大的压力,导致睡眠质量差、食欲不佳、成绩非常不理想,整个人的状态非常差。为了改善这一状况,彤曾接受过心理咨询,她妈妈也不得不同意她转到职业学校的决定。妈妈原本希望彤能在职业学校的高二年级就读,因为她认为彤已经学过一遍高一的文化课,担心再读一年会浪费时间。然而,彤了解到职业学校有4门专业课需要学习且知识点繁杂。由于高二年级的学生已经上完并结业了这些课程,她如果选择高二年级,就需要在短短4个月内自学这些课程。这让她感到压力太大,认为根本无法完成。因此,她最后选择了在职业学校的高一年级就读。

事实上,家长对彤的学习状况并没有进行深入分析,而是基于自己的主观判断对彤施加影响。作为教师,我需要帮助家长认清现实情况,以减少来自家长方面的负面影响。因此,我对彤的文化课优势与劣势进行了详尽的分析,特别指出数学科目是她未来高考中的关键挑战,需要踏实应对,不能好高骛远。同时,我也从专业课的门数和难度上进行了说明,使家长明白让彤直接学习高二课程实属操之过急,这种盲目行为会再次给孩子增添压力,造成不必要的心理波动。

三、多管齐下,融入集体

为了让彤在班级中有更强的存在感,我安排她担任语文课代表,通过收发作业和记录同学名字来增加与同学之间的接触机会。在班级整体调位时,我特意为她选择了性格可亲的同学作为同桌和前后桌。同时,我鼓励她积极参与班级的健美操训练,并录制"班级达人秀"视频,以此为她提供参与班级活动的机会,并增强她在班级中的归属感。

📈 对话成效

看着彤和同学们在教室里拿着单反相机,商量着如何拍视频,一脸轻松的样子,我再回想那个早自习时她不悦的脸庞,心中感慨万千。

如果那个早自习,我只是走走形式,没有从细节处与学生深入对话,只是简单地安慰和鼓励一下彤,让她努力去适应新环境;如果没有对事情进行多方面的分析,查找真正的原因;如果没有进行及时和有效的对话,没有引导家长深入分析学生的实际情况,而是任由事情自由发展,那么彤很可能就会深陷于不良情绪之中无法自拔,甚至会更加难以融入新环境。这些后果都是我们难以预料的。

教育无小事,任何细节的疏忽都可能导致无法挽回的后果。忽视细节的教育对话,不仅可能徒劳无功,还可能对学生造成无法弥补的伤害。因此,我们必须时刻保持警觉,用心倾听学生的声音,关注他们的每一个细节,确保教育的及时性和有效性。

积极期待，收获美好

事件描述

我所带的班级是机电专业的高考班，男生占绝大多数，仅有小娄同学一名女生。这名女生在初入学时真的让我"头疼"。记得高一新生报到的那天，她顶着一头金黄色的头发，佩戴着耳环，做了美甲，还穿着高跟鞋。看到这样的打扮，我心里想：作为一名学生，怎么能这样打扮，完全不像来上学的样子。于是，我严肃地对她说："咱们学生可不能这样打扮，学校是不允许的。"她有些不耐烦地说："我上学的时候不这样就是了。"

开学后，她的打扮果然变得十分标准，头发染回了黑色，耳环摘了下来，高跟鞋换成了运动鞋，完全是一副学生的模样。但入学后，她对学校的环境及各种规章制度感到非常不适应，表现得十分烦躁。她经常给家里打电话，每次打电话都哭得停不下来，一再要求家人接她回家，表示不想待在学校。上课时，她不认真听课，经常打瞌睡，甚至跟老师顶撞，多次将任课老师气得火冒三丈。小娄同学的这些表现与整个班级的学习氛围格格不入。

事件分析

自从担任班主任以来，我带的班级都是清一色的男孩子。当看到班里突然多了一位女生时，我眼前一亮，因为我潜意识里认为女生通常比男生更听话。然而，从报到时看到小娄同学的穿着打扮，再到上课时她顶撞老师的行为，彻底颠覆了我对她的初步印象。但我明白，一个孩子不可能无缘无故出现这样的情况。即使她学习成绩不好，最多也只是上课不认真或是偶尔打瞌睡，但绝对不会顶撞老师。这种行为背后一定隐藏着某些特殊的原因。

想要深入了解一个孩子，最好先从她的原生家庭入手。趁着周末有空，我专门去小娄同学家进行了一次家访。通过家访，我了解到小娄同学的父母在她很小的时候就已经离异了，她一直随母亲生活，而父亲在外地重组家庭后并未支付她的生活费。因此，小娄的所有开销都是由母亲一人承担。由于父亲不支付生活费，母亲对此感到非常气愤,认为小娄是个负担,于是将她交给姥姥姥爷抚养。从父母离婚的那一刻起,小娄就一直和姥姥姥爷生活在一起。在中国,隔代之间的亲情通常很深,再加上母亲对小娄管教不严,姥姥姥爷有时会满足她的一些不合理要求,如刚开学时,她要求的染发、美甲和穿高跟鞋。

对话策略

一、原生家庭,追根溯源

环境对一个人的成长至关重要。小娄同学之所以会有上述种种表现,与她的原生家庭是密不可分的,如父母离异、母亲疏于管教等,同时也与她在初中阶段缺乏关爱和关注有关。只有深入了解孩子的原生家庭和成长环境,我们才能更好地对她进行教育。了解到小娄同学的情况后,我开始了不定期的家访,并在平时的学习和生活中给予她更多的关注。我还时常找她聊天谈心,渐渐地走进了她的内心世界,成了她无话不谈的大朋友。

二、积极期望,助力成长

言行是一个人的外在表现,往往能反映人的内心世界。由于小娄同学初来乍到时种种与众不同的表现,我曾在心中不自觉地将她与其他学生区别对待。然而作为一名教师,尤其是班主任,我不应该戴着有色眼镜去看待学生,更不应该轻易地给学生贴上标签。这种做法往往会使学生朝着我们预期的不良方向发展。心理学上的罗森塔尔效应,也被称为"皮格马利翁效应"或"人际期望效应",恰好说明了这一点。因此在教育教学中,我们应该对学生抱有积极的期望,期望他们向好的方向发展,这样才能更好地促进他们的成长。根据罗森塔尔效应,当小娄同学找我谈心时,我会告诉她:"你是咱班唯一的女生,老师相信你会通过自己的努力表现得更加出色。""你看这次测验,你又进步了,这说明你很有实力。""这几天的技能训练,实训老师都夸奖你,你真的很棒!"这样的鼓励能够帮助学生树立自信心,让学生朝着更好的方向发展。

三、家校共育,合力育人

我通过家访深入了解了小娄同学的情况,并通过微信和电话与她的母亲保持沟通,提醒她多关注孩子的成长。因为孩子的成长一旦错过就无法弥补。在班级里,我努力营造温馨和谐的班级氛围,让小娄同学能够感受到集体的温暖。班里的男生们也非常照顾她,每当她遇到困难时,他们都会毫不犹豫地伸出援手。渐渐地,小娄同学开始感受到我们这个大家庭的爱与温暖。

对话成效

经过我们坚持不懈的努力,小娄同学逐渐改掉了自身的坏习惯,她的学习成绩也在班里稳步提升。后来,她觉得机电专业不太适合女生,便转到了计算机专业,但我们对她的积极影响一直都在。她在计算机专业表现优异,赢得了老师们的一致好评,还顺利考取了两个技能证书。她有时还会找我聊天,分享自己的进步和烦恼。同时,小娄同学的妈妈也有了很大的转变。她意识到自己对孩子的责任,明白孩子的成长不容错过,开始积极参与孩子的成长过程,与孩子的关系也缓和了许多。我们怀着积极的期待,共同见证着孩子成长的美好。

捂热一块"铁"

事件描述

新生开学一个多月时，我们班突然转来了一位插班生小王，他是跟随家人由外省来到胶州的。入校第一天，我满头大汗地帮他拿行李，却没换来一句"谢谢"。由于他入校晚，自习课上，我便善意地提醒他多看点专业书，换来的却是他把眼一横说："我看什么书还用你管！"看晚间新闻时，他丝毫不顾及班级纪律，大声发表言论。我告诉他要遵守纪律，他却理直气壮地说："人人都可以参与国家大事的讨论，你凭什么剥夺我的这个权利！"班长维持纪律，让他保持安静，而他怒视班长说："你个小屁孩，凭什么管我！"当同学主动与他交流时，他几个字就把大家说得面红耳赤。我告诉他，既然走到一起，就是一种缘分，要与同学友好相处。他一脸不屑地说道："我才不稀罕来你们班呢！"认识小王不到一周，我便深切地领教了他的桀骜不驯。

事件分析

这不是一个简单的新生入学事件，其中还包含一名学生对学校和老师的抗拒，更有对未来的淡漠。学生的抵触情绪，实质上是青少年对外界指令进行判断和选择的过程，也包含机械性反弹或条件反射式的反抗。当得不到认可、受到限制和反对时，他们就会表现出反叛、顶撞、不屑等行为。当人的生理发育到一定阶段时，自我意识就会得到加强。如果不能对学生进行正确引导，就可能导致学生情感发展滞后，进而产生抵触和抗拒情绪。

从学生个体的角度看，小王原是一名普高的学生，虽然学习成绩较好，但是个性太强，不愿服从学校的管理。他自认为上学的目的是考取大学，而非遵守诸如穿校服、打扫卫生、参与跑操等校规，因此规则意识较为淡薄。而不明就里的老师又采取了较为简单粗暴的方式进行斥责，这引发了小王与老师的多次言语乃至肢体冲突，最终导致他被原学校劝退。小王带着对学校的怨恨转了学，但并没有管理好自己的脾气，又重蹈覆辙，再度被劝退。他几经辗转来到山东，在职业学校借读。

在这里,他不仅对职业学校持不屑态度,还对学校及老师抱有深深的仇视心理。

从原生家庭的角度看,小王属于留守学生。因父母常年外出打工,他由爷爷奶奶抚养长大。由于老人没有能力辅导小王学习,小王在学习方面感到相对吃力。而父母又不断地向他传递供他上学不易、希望他能考上好大学的信息,这给了小王很大的压力。在这样的重养轻教环境下,小王品德教育的缺失较为严重,导致他看待问题容易出现偏差,不懂得如何与他人和谐相处。

从班级的角度来看,自军训以来,经过一个多月的管理,大家均已步入正轨,并渐入佳境,班级整体呈现良好的发展趋势。然而,"一身是刺"的小王突然加入,他尖刻的语言、桀骜的态度、藐视的眼神……都显得与班级格格不入。大家视他为另类,不知道该怎么和他交往,而小王也打心眼儿里瞧不上职业学校的同学,不屑于和大家交友,一直处于孤立状态。这种状态不仅对班级和谐不利,还对小王个人的发展造成了负面影响。

基于以上分析,在面对一个仇视学校和老师的学生时,我意识到简单的说教不仅收效甚微,还可能适得其反。一旦小王再次受到刺激而被劝退,我无法想象他将多么心灰意冷。因此,我必须运用智慧与关爱来与他进行沟通教育,尽一切努力捂热这块"铁"。

对话策略

一、晓之以理,平等对话

从青少年的心理特点来看,他们的行为在很大程度上受自身感情和情绪的支配。因此,班主任在开展青少年思想教育工作时,应增强相互理解与信任,做到将心比心,动之以情,晓之以理,并进行平等对话。

一天晚自习,我把小王叫到办公室,他脸上冷漠的表情让我有点望而生畏。我拍拍他的肩膀,示意他坐下谈,这让他感到有些吃惊,因为他从没想过在办公室里还能享受坐下的待遇。我开始梳理他一周的在校生活,并客观地进行剖析:"我之所以建议你利用课余时间多学专业课,是因为我们是一所职业学校。与普高不同,专业课对你来说至关重要……"我看到他抗拒的眼神里闪过一丝波动,大概是没想到我不仅没批评他语言尖刻,反而还向他解释。"你谈论国家大事,关心时政,这很好。但错在大家看新闻时间谈论,扰乱了纪律,影响了大家。"我继续说,"班长维持纪律,完全是出于他的职责,并不是针对你,他是为了整个班级好。而我们都明白一个浅显的道理:一个从未经历过被管理的人,将来是不会懂得如何管理别人的。"他第一次没有反驳我,但仍小声嘟囔着:"学校管得太多了,根本没用!"我深知改变一个孩子不是一朝一夕的事,这需要长期努力。因此,我并没有放弃,更不能让这个远离家乡千里的孩子再次面临被劝退的命运。

二、南来之风,温暖心灵

班主任承受的压力很大,但如果片面追求班级成绩,不顾学生身心健康和未来发展,简单粗暴地采用"清除法"进行管理,那么学生的心灵将冰冷如铁。著名教育家陶行知说:"你的教鞭下有瓦特,你的冷眼中有牛顿,你的讥笑里有爱迪生。"因此,班主任需要用爱心换真心,用希望、激励等方法拨动学生心弦,树立学生上进的信心,促进学生身心健康发展。

临近冬天,我观察到小王平日除了穿校服,身上别无他物。当我问起时,他有点怨恨地说:"学校不是想让我们穿校服吗?不穿就扣分,那我就一直穿着!"对于他的怨恨,我没有多说什么。回去后,我亲手织了一条围巾送给小王,这让他感到很意外。我趁机说:"有些事情是属于群体性的要求,即使我们并不喜欢,有时甚至还会损害到自身利益,也要配合完成。世间很多事情都很难用对错来划分,但不给别人带来困扰,这是最基本的价值观,也是做人的底线。自入校以来,我目睹了你的变化。我一直站在远处,不断地为你的进步而鼓掌……"也就在那一瞬间,我似乎听到了冰雪融化的声音。

三、目标领航,开启希望

徐特立老师告诫我们:"对犯错误者……给他们以好环境包围起来,暗示他们以良好的前途,使他们用自信和自尊去克服他们的坏处。这是最好的训育典型。"因此,班主任在日常的教育管理中需要给学生以希望和信心。实际上,当树立了明确的目标后,每个人都会奋力前行。

一个学期结束后,小王凭借高中时期打下的坚实基础,取得了明显的进步。他的学习成绩在班里十分突出。性格变得温和了许多之后,小王逐渐被大家接纳,并慢慢融入了集体。后来,大家推举小王为学习委员,每天由他带领大家学习文化课。可以看出,一种被认可的喜悦在小王的心里生根发芽。我告诉他:"对于德育积分高、学习成绩好的同学,学校都会推荐工作。有意向的同学还可以参加职教高考。"接着,我给他看了历届学生的高考榜单。他的眼睛一下子亮了起来:"我还可以参加高考吗?我还可以上大学吗?"我点头。他猛地退后两步,向我深深地鞠了一躬:"老师,谢谢您把我当人看!"我震惊之余又万分怜惜眼前这个曾经那么桀骜不驯的孩子。

对话成效

用心交谈、真诚沟通,真的能够搭建起教师与学生之间的桥梁,而学生的变化也会远远超出想象。经过 3 年的成长,小王的思想发生了巨大的转变,他开始更多地为他人着想,而较少考虑个人利益。同时在学习方面,他一直稳扎稳打,最终顺利考入某大学信息技术系,并很快成了学生会干部,赢得了老师和同学们的称赞。暑假回校时,他提着两斤苹果和几个香蕉来看我。我劝他不必破费,他却说:"老师,这是我勤工俭学赚的钱。就算一个月只赚 300 元,我也要让您吃到这些水果!"这句话让我感慨万千。为人师,至于此,夫复何求?让我们正确引领学生,改变学生,培养学生的良好习惯,助力他们拥有美好的人生!

试错路上的成长

📝 事件描述

新生入学已近半个月，一切似乎都在走上正轨。然而，一天早自习前，我发现班里小西同学没有到教室。小西作为住宿生，需要遵守学校规定，而宿舍门在早自习前 15 分钟就关闭了。由于学校对住宿生实施封闭管理，因此小西在这个时间段内应该无法离开学校。起初，我猜测小西可能是因去餐厅吃早餐而耽误了时间，所以并未过分担忧。然而，直至早自习开始，小西依然没有出现，并且她的手机始终处于关机状态。我随即询问了小西的室友，但她们均表示不清楚小西的去向。这时，我意识到事情不对，于是立即向学校的学生管理处进行了汇报。同时，我迅速与小西的家长取得了联系，向他们通报了当前情况，并一起寻找小西，以确保她的安全。紧接着，我前往门卫室调取了校园监控录像，并再次逐一询问了小西的室友，希望能从中找到关于小西行踪的线索。

在我反复表达对小西安全问题的担忧后，她的室友小琴向我透露了小西的去向。原来，小西前一晚做了一个噩梦，梦见她心爱的小狗被车撞死了，因此非常想家、想小狗。由于担心老师不会批准请假，小西一早决定悄悄溜出校门，现在很可能已经在回家的客车上了。不久之后，小西的家长也与手机刚开机的小西取得了联系，证实了她确实因为想家，正如小琴所说的那样，在返回老家莱西的路上。

🔍 事件分析

确认小西安全无虞后，我心中的大石落地。但后续一系列隐藏的问题逐一呈现：小西为什么要偷偷溜走？为什么不敢或不愿意跟老师、父母正常交流与沟通？对于部分室友有意无意地协助小西逃学并隐瞒其行踪的行为，我们又该如何妥善处理……

从普遍心理分析的角度看，新生刚入学不久，面对全新的环境和同学，心理上的不稳定感和不安全感往往容易泛滥。尤其是小西，作为家中独女，在优渥家境中长大，从小就备受宠爱。小西 15 岁那年，首次离家前往青岛求学。我至今还清晰记得小西来学校报到那天的"浩大声势"——除了爸爸妈妈外,连头发花白的姥姥姥爷也来了,更不用说那大包小包、满满当当的行李了。从"众星捧月"般以她为中心的家庭环境,突然转变到自己"泯然众人"的陌生环境,这种巨大的心理落差使小西更容易产生强烈的想家情绪。同时,艰苦且枯燥的新生军训刚刚结束,"娇生惯养"的小西在经历了高强度的训练后,体能已接近极限,而旅游学校严格的管理也让一向散漫的她产生了心理上的抗拒。通过与家长沟通,我了解到小西的家庭生活优越,初中学习生活相对宽松,尤其到了初三,逃课、迟到对她来说几乎成了家常便饭。然而,当管理严格的旅游学校从仪容仪表到日常行为习惯都有具体且严格的要求时,这让一向散漫的小西确实很不适应。但由于旅游学校是小西心仪已久的学校,再加上刚入学时,她对学校环境和专业学习充满了新鲜感,小西还是坚持了近半个月"循规蹈矩"的学校生活。然而,随着时间的推移,无论是身体上还是心理上,她的承受能力都逐渐达到了自己的极限。所以,她因一个荒诞的梦而做出逃学的举动,这一行为也就不难理解了。

🧑‍🤝‍🧑 对话策略

由事件分析可知,小西的逃学行为既源于自身纪律意识薄弱导致的行为散漫,又深受家庭溺爱环境及缺乏对规则的敬畏之心等深层次原因的影响。因此,解决此类问题时,我们需要综合考虑学生的心理疏导、行为习惯的培养及家庭教育的改善等多方面的育人策略。

一、明确试错成本,培养敬畏之心

小西的逃学行为造成了恶劣影响,根据校规校纪,她应受到记过和退宿的处分。如果这些处分不撤销,她在高三时就没有资格进入流亭机场实习。此外,由于高中阶段不属于义务教育阶段,学校有权对犯错严重的学生进行劝退,甚至开除。针对这些可能的后果,我凭借自己带过一届航空班的经验,站在小西及其家长的立场上与他们展开了对话,坦诚地进行了说明和解读。

得知这样的结果,小西一时愣住了。因为在她的初中逃学"经验"中,学校和老师除了耐心教育外,似乎对她无可奈何。小西万万没想到进入中职学校后,试错的成本会如此之高。小西此刻才真正意识到自己已不再是不谙世事的初中生了,必须为自己的行为承担相应责任。

同时,在与家长谈话的过程中,我始终保持真诚,好奇地询问并分享事件的经过,确认家长对小西逃学事件的感受,引导家长认识到隐藏在小西"逃学"背后的真相——小西之所以能如此"果断"地逃学,与她缺乏对学校纪律的敬畏之心有很大关系。而这种敬畏之心的缺乏,并非因为她有多么胆大叛逆,而是源于她对规则抱有一种"无知者无畏"的漠视态度,以及将亲人的付出视为理所当然。小西的父母回顾了小西自初中以来的逃学情况,他们经历了最初的震惊到后来的无助,再到无奈接受,逐渐降低了对小西的期望值,并在心疼中选择了退让,这导致原本成绩优秀的小西逐渐退步。家庭的溺爱与放纵所带来的后果在复盘中清晰地呈现出来。

二、家校共育,因势利导

明确了这样的试错成本后,小西一下子蔫了,她的家长也焦急不安。小西对空乘服务这个专业本身非常喜爱,而其家长更不愿看到孩子刚入学就受到处分。作为班主任,我适时地怀着共情心理表达了对小西未来成长负责的态度,与小西和其家长一起深入剖析原因,积极探寻解决办法。

在具体实施过程中,我们应弱化个例错误,抓住集体教育的契机。虽然小西必须承担相应的责任,但是我们不宜过分渲染,尤其是在新生入学初期,因为这种行为容易引起其他学生效仿。如果过度强调这一错误,就可能激发学生不适当的同情心,从而模糊了对违反校规校纪行为的正确认识。

因此,在与小西单独谈话并达成共识后,我们借助她的经历召开了"让规则看守的班级才是天堂"主题班会。在班会上,小西讲述了天堂与地狱的故事,用生动的语言强调了规则的重要性。大家还参与了规则竞答游戏,并在游戏中加深了对规则的理解。最后,大家一起学唱了我校获得教育部向全国推广的《中等职业学校学生公约歌》。小西的错误成为集体教育的良好契机,同学们在形式多样、生动活泼的班会活动中共同经历了新生入学成长教育。

对话成效

家长、学生、学校三方的合力契机就这样空前和谐地出现了:小西主动写下了近千字的检讨书,递交至学生管理处,恳请给予改正的机会;家长也主动提出克服家住郊外的困难,决定在学校附近租房,让小西切实承担犯错的后果,每日早起乘坐公交车上学;学生管理处在考虑到小西的诚恳认错态度及家庭实际困难后,做出了退宿一个月并给予警告的从轻处分决定。

在逃学事件后,小西经历了从漠然、慌乱到惊喜的巨大心理起伏,个中滋味难以言表,但她无疑经历了独属于自己的成长,曾经对规则的轻视态度彻底转变。虽然此后在学校生活中小西仍会偶尔犯些小错,但是类似逃学这样违反规则底线的错误再也没有发生过。

小西的父母非常感激学校给予的"从轻处理",同时也更加认同学校的严格管理制度。经过这件事,他们更深刻地体会到了"父母之爱子,则为之计深远"的真正含义。在试错的道路上,孩子需要成长,父母又何尝不是呢?

让心花绽放

📋 事件描述

　　军训结束后,中职一年级十班(专业高考班)迎来了一位新同学——小娴。她身材中等,笑起来时婴儿肥的脸蛋上浮现出甜甜的小酒窝,十分惹人喜爱。在接下来的两个多星期里,她的表现更是让我这个新班主任备感欣慰。她早睡早起,主动叫醒全寝室的同学起床做操,积极打扫卫生且毫无怨言,认真学习并及时上交作业,发现同学的不良行为会及时劝导,自己偶尔犯了小错也会立即主动认错并保证绝不再犯……简直就是一个"小天使"。然而又过了两周,我逐渐发现了一个问题:小娴几乎每个星期都要请病假,时长不一。从最初的运动后胃疼,到中午吃了凉菜后胃疼,再到后来突然半夜胃疼。这一个月内,她前后去了县级、市级医院三四次,最严重的时候被诊断为轻度胃炎。但大多数情况下,医生查不出任何问题,只是开了药让她回家服用。这究竟是怎么回事呢?是小娴的身体真有什么隐疾而检查不出来,还是她有什么难言之隐在故意装病呢?

🔍 事件分析

　　平时表现如此优秀的小娴发生这样的事情,立刻引起了我的高度重视。直觉告诉我,这绝非简单的胃疼或是故意装病,于是我立即着手进行调查。

　　首先,我考虑到小娴虽然正直善良,但是可能存在不合理认知,因此先排查她是否装病。通过与小娴、她的初高中同学及主要任课老师沟通,我了解到小娴是一个懂事且要强的孩子,她认为好学生就应该成绩好、懂礼貌,因此在各方面都表现得不错,成绩也相当优秀。然而从初二开始,她的成绩有所下滑,她可能是因为无法接受这一点而"生病",到了初三后半段更是请了长病假。小娴平时作息规律,也格外注意饮食,她曾跟同学说自己胃不太好,不能吃凉的。这几次在学校犯"胃病"时,她脸色惨白,疼得汗水直流。因此,我基本排除了她装病的可能性。于是,我建议小娴的父母带她去更高一级的医院进行全面检查。但检查结果仍是极轻微的胃炎,几乎不需要吃药。

其次，通过家访深入了解了小娴的家庭情况和在家的表现后，我发现了关键事件。小娴的胃疼问题始于初二，那时她妈妈刚生下她弟弟不久。随后，她在初二升初三及初三毕业会考这两个关键阶段，经历了两次较为严重的胃疼，最后一次甚至导致她未能完成考试。直至我们军训结束后两周，她才来到学校报到。参考她初中的经历，并结合她在我班一个多月以来的表现，我发现：每当临近考试，特别是她感到压力时，症状就会加重，而回家后症状很快就会减轻。暑假期间，她还吃过两次冰激凌，但并没有犯胃病。由于我们班是学校改革后，首次在一年级就成立的高考班，因此除了期中、期末考试外，平时有的科目还会按照教学进度进行章节小测。小娴经过了一个漫长的无压力的暑假后，刚开学一个月就连续遭遇了两次测试，因此感到很不适应。

再次，我带着医院诊断报告及所了解到的全部情况，请教了学校的心理指导老师。心理指导老师指出，小娴的这种情况属于对不良环境的适应障碍与不合理认知综合作用的结果。当面对自己不愿承受的困难或压力时，小娴就会选择逃避，并通过痛苦转移的方式来应对。小娴本身的肠胃可能有些敏感，加上家中弟弟的出生转移了家长的大部分注意力，而平时乖巧懂事的小娴在成绩略有下降时，家长也未能及时发现。因此，面对失宠和学习成绩不再优异的双重打击，小娴出现了第一次严重的"胃疼"。此后，一直表现优秀的小娴在面对成绩下滑时，由于缺乏科学的学习方法补救，心理压力逐渐增大，开始阶段性地通过"胃疼"来短暂逃避，但每次都能较快恢复。然而升入中职并进入高考班后，她刚要适应新生活就遭遇了如此密集的考试，压力骤增，"胃疼"的频率也随之增加。

🔄 对话策略

一、积极关注，尝试看见

积极关注会增强学生的自我认同感，使他们更愿意面对自己的问题。在学校里，老师通过语言和行为等简单的关心方式能让学生感受到被重视，同时暗中提醒同学多加关照，也能增强学生发现问题并解决问题的信心。在与家长沟通的过程中，特别是对于二孩家庭，我们需要提醒家长更加关注老大的心理变化，让老大感受到自己的重要性和被需要。这样一来，当学生在面对困难和挑战时，他们会更有底气去应对和解决，因为他们知道自己背后有着支持和关爱。

二、有效沟通，悦纳自我

通过深入交流，我与小娴分享身边的故事，让她明白人无完人。再优秀的人也会有缺点，而这些缺点都是我们成长道路上的宝贵财富。正视自己的缺点并克服它们,比"一路顺风"要珍贵得多,成长进步也会更大、更快!所有的成就都是靠一点一滴的努力积累而来的,而这条通往成功的道路上,尽管每个人的经历各不相同,但是普遍呈现出曲折上升的趋势。在这条路上,遇到上升期和下降期都是十分正常的现象。因此,我们要做的就是在上升时保持谦逊不骄傲,在下降时保持乐观不颓废,并迅速调整状态,重新投入新的上升阶段中。

三、心理支持,持之以恒

加强家校沟通,一旦发现学生有情绪或心理问题,双方就都能及时做出应对。例如,当发现小娴既非常重视成绩,又害怕成绩不好带来无法承受的后果时,家长应该先引导孩子认识到成绩重要,但它并非衡量个人价值的唯一标准,只要尽力了就好;老师应该对小娴的学习方法进行指导,提高她的学习效率,并向她阐述考试的真正意义在于检验所学、查漏补缺,以便更好地指导后续学习。

四、提升认知,自主发展

不合理信念和适应不良导致的逃避心理,是该生出现适应障碍乃至"生病"的主要因素。教会小娴掌握并运用情绪 ABC 理论,纠正她的不合理信念,让她能勇敢面对所惧怕的困境,这本身就是巨大的进步。敢于承认自己的不足和害怕,本身就需要巨大的勇气。因此,对于小娴来说,无论是独立解决还是寻求帮助,找到应对当前困境的对策,都是她的首要任务。

五、积极应对,逆风而行

在构建稳固的社会支撑体系的基础上,我们应该帮助学生宣泄心理情绪,引导学生建立合理信念和科学的思维方式,促使学生自己顿悟,能够鼓起勇气以平常心面对考试。考好了,证明了自己的实力;考不好,则意味着在这一章节的学习上还存在不足,正好可以多一次学习、巩固和磨砺自我、战胜自我的机会。在这个过程中,老师和同学们会一直积极地提供帮助。当小娴能够做到这一步时,就标志着她已经接近成功了。

📈 对话成效

经过正规医院的诊断与辅助治疗,结合短期的家庭休养和亲子间的深入沟通与交流,以及师生间温暖人心的两次长谈,小娴的"胃疼"症状已基本消失,并于周末下午顺利返校。返校后的两周内,小娴主动前往心理咨询室进行了两次心理咨询与疏导,同时参与了近两周内的一次文化课小测。除了考前一晚略有不适但能自行克服外,她未再出现剧烈的"胃疼"症状,并且取得了班级第四名的好成绩。

这让她惊讶于心理咨询与疏导竟能如此有效地帮助她,不仅让她的心情更加愉悦,还让她的身体恢复了健康。

其实,正是家校双方的共同努力和真正深入有效的沟通慢慢化解了小娴内心认为自己不再重要的担忧和恐惧,改变了"好学生必须成绩好"的不合理认知,让她能够正视并有效应对新环境及频繁考试带来的不确定性和害怕。当心结真正打开后,小娴拥有了面对困难的勇气,减轻了焦虑,提高了努力和行动的成效,从而增强了继续努力并克服困难的决心。

住宿风波

📝 事件描述

新生开学前夜，住宿生安排表刚刚公布，我扫了一眼后，随即转发至家长群和学生群。不久之后，晓优的妈妈打来电话质问我：为什么她的女儿会被单独分配至混合宿舍，为什么要孤立她的女儿……她越说情绪越激动，最后甚至哽咽着说孩子情绪低落。她坚决要求晓优必须与同班同学住在一起。我意识到这是新生入学时一个颇具"风险性"的关键事件，若处理不当，不仅可能伤害新同学和家长的感情，还可能给新集体带来不稳定因素。于是，我尽力安抚晓优妈妈的情绪，并承诺会尽力协调此事。

🔍 事件分析

该事件属于班主任工作中的学生思想工作及家校协同共育问题，涉及新生适应性、家校沟通机制、家庭教育指导策略等多个层面。班主任需要秉持"三全育人"的理念，在深入分析的基础上充分发挥教育智慧，通过运用教育合力来化解矛盾，从而促进学生成长。

从学生个体的角度看，晓优是一个善良、性格内向敏感且有点儿慢热的女孩儿。由于平日里受到父母的呵护较多，她的适应能力不够强，在新环境中容易缺乏安全感。

从原生家庭的角度看，晓优的母亲是一位善良、母性十足的人。在日常生活中，她为孩子包办一切，并对孩子住校后的适应能力缺乏信心。同时，她的性格略显急躁、冲动，其家庭教育观念尚需改进。

从家校共育的角度看，晓优妈妈对孩子初入学就住在混合宿舍表示担忧，认为这可能导致孩子难以迅速融入同班同学之中。这种忧虑是人之常情。作为管理者，班主任需要进行换位思考。然而，鉴于学校住宿条件的局限性，混合住宿的情况在所难免，家长也应从集体利益出发，思考如何鼓励孩子勇于尝试，以积极乐观的心态迎接挑战，尽快适应新环境。

对话策略

一、换位思考,耐心倾听

"一次失败的关键对话,其影响力不仅是深远持久的,还是灾难性的。"当晓优妈妈情绪激动,一再声称孩子被孤立时,我避免了针锋相对的"傻瓜式选择",转而换位思考,耐心倾听。我运用帕特森的"关键对话"理论,加强家校合作,以积极友善的态度与晓优妈妈展开平等对话,共同营造安全的育人氛围。

二、多方助力,消除不安

新生报到的那天,我一早就在班级群里反复询问是否有性格开朗的同学愿意调换宿舍,随后便前往宿舍迎接新同学。我与晓优妈妈再次进行了真诚的交流,建议孩子勇敢尝试,在混合宿舍住到军训结束,若不适应再做调整。感受到我的真诚与善意,家长和孩子最终同意先试着住下。接下来,我鼓励班级里的住宿同学主动与晓优友好交往。同时,我也借助同事的帮助,引导混合宿舍的同学给予晓优温暖与陪伴,从而有效消除了晓优和家长的不安全感。

三、宿舍破冰,加速融合

我通过安排晓优自选班级宿舍伙伴让她获得归属感,并在此基础上举办了"舍友,你好!"宿舍破冰活动,以促进同学间的快速融合。在活动中,原本腼腆的晓优和同学们一起排练了舞蹈。我及时在家长群分享了破冰活动的视频和照片。当看到晓优的笑靥,晓优妈妈心里踏实了许多。我还给晓优妈妈分享了晓优写的周记《开学初体验》,晓优妈妈表示她是流着泪看完的,深受感动。她认为晓优长大了,不再是那个在家里撒娇的小孩了,于是开始反思自己为何非要坚持让孩子和自己班的同学住在一起。她意识到,孩子们都是优秀的,无论身处何处,他们都能找到适合自己的相处方式。

四、家庭指导,凝聚合力

后来,我推荐晓优妈妈聆听樊登读书会的《解码青春期》《关键对话》和《在远远的背后带领》等图书解读,帮助她了解情绪管理、关键对话的策略及正确引导孩子的方法,将"担忧"转化为"支持",鼓励晓优在宿舍生活中积极尝试,努力赢得真挚的友谊。后来,晓优妈妈在微信中写道:"'己所不欲,勿施于人。'没有任何一位家长愿意让孩子受委屈,我也不能因为自己的孩子而让其他同学受委屈。"晓优妈妈还告诉晓优:"宝贝,我们是来学习的,只要宿舍干净,室友之间关系好就可以了。老师这么关心你,妈妈也在支持你,你比班里其他同学还多交了3个好朋友,好好珍惜吧。"

五、平行教育,达成共识

我经常通过家长群、学生群及主题班会,及时分享美好的校园生活,让大家认识到学会共同生活是人生的必修课。只有主动关爱身边的每一个人,才能让我们的集体更加和谐、更加美丽。

对话成效

美好的校园生活让晓优变得活泼开朗,这让家长和老师都深感欣慰。晓优也从家长、老师、同伴的关爱中意识到自己从前的"灾难化思维方式"是缺乏勇气的体现。在阅读《活着》的过程中,她反思自己当初的表现,发现太过消极,于是激励自己要成为一个勇于面对挑战的人。

晓优妈妈从这件事中领悟到生活中没有过不去的坎,大人能承受的,孩子同样也可以,而孩子远比我们想象中的更坚强。晓优妈妈意识到,家长应该是孩子的坚强后盾,而不是替孩子遮风挡雨的屏障;只有放开手,孩子才能走得更远。为此,晓优妈妈特别感谢学校及老师们的悉心关怀。后来,她主动申请加入班级家委会,尽心尽力为班级服务。

在宿舍风波的解决过程中,我深刻体会到教育无小事,关爱每个孩子是教师的责任。当事件存在潜在风险时,只有运用成长型思维,牢记家校共育的目标,以平等对话的方式与家长展开关键对话、精诚合作,才能更好地助力孩子成长。

第二篇 Part Two >>>

习惯养成

扣好人生第一粒扣子

📝 事件描述

　　新生军训期间,勤快、细心的小轩进入了我的视线。在休息时间,小轩主动帮忙搬运大桶水,为教官递送矿泉水瓶;当其他同学去军训时,小轩会把所有水杯整齐摆放好才离开。正因如此,我们班休息区因那一排排整齐的水杯而成为一道亮丽的风景线。勤快、细致、热情不正是生活委员所应具备的品质吗?军训期间,小轩因表现积极得到了同学们的认可,并在开学后的班委竞选中顺利当选,自然而然地成为我们班的生活委员。

　　出乎意料的是,得知孩子竞选成功的小轩妈妈突然通过微信与我联系。在询问清楚生活委员需要负责班级物品采购等事项后,她提出能否给小轩换个职位,最好避免让他接触钱财。面对我的不解,小轩妈妈终于吞吞吐吐地道出了自己的担忧。原来,小轩在初中时曾借为班级购买运动会物品之机虚报价格,悄悄赚取差价,有过小"贪污"行为。她担心小轩在生活委员的职位上会再次禁不住诱惑,重蹈覆辙,辜负了老师的信任。

🔍 事件分析

　　得知原委的我,心头涌上深深的责任感。孩子都是妈妈的宝贝,小轩妈妈如此坦诚地自曝其短,背后隐藏的无疑是对老师、对学校教育的深厚信任和殷切期许。从教育的角度来说,教书与育人是不可分割的。我们不仅要使学生掌握一定的知识和技能,还必须培养他们良好的思想品德,正所谓德育为先。小轩通过虚报价格来赚取差价,委婉点说是耍小聪明,严重点说则是缺失了诚实守信的基本道德意识。帮助小轩培养良好的道德品质,无疑是我们义不容辞的责任。

　　然而,小轩的行为究竟能否定性为道德败坏的贪污呢?妈妈对根绝小轩犯错可能的建议,对于小轩的短期成长看似可行,但长期而言却暗藏隐患。毕竟,没有人能生活在真空中,小轩未来也不可避免地会接触到钱财。对他过去的错误避而不谈,只会让"疮痈"表面愈合,实则内部溃烂。一旦问题爆发,将给小轩的未来人生带来无可挽回的后果。因此,对小轩进行教育的关键所在是帮助他"扣好人生第一粒扣子"。这意味着要采取细致入微的方式,避免简单粗暴的错误定性,从而消除妈妈的顾虑。在此基础上,重塑小轩的价值观,着重培养他诚实守信的道德品质,这将为他的未来发展奠定坚实的基础。

对话策略

一、复盘溯源,探寻动机

为了打消小轩妈妈的顾虑,我深入探寻了小轩的"贪污"动机,并努力避免将错误上纲上线、粗暴定性,这是至关重要的。由于家境优渥,小轩每月都有固定的零花钱。对于小轩的动机,妈妈曾感到十分困惑,但因羞于启齿而未敢深入探究,这也成了妈妈的心结。在我的提议下,我们一起回顾了小轩的"贪污"事件,发现小轩虚报价格的行为仅发生过一次,他事后还主动向妈妈炫耀,更多的是得意于自己发现了"漏洞"的"高明",并以此作为自己脑子灵活的证明而沾沾自喜。当妈妈对此表示震惊、不赞同时,小轩的反应更多的是失望。通过回顾事件,我们确认小轩的动机更多源于猎奇心理及自以为聪明的错误认知,贪图小便宜并以此牟利并非主要目的,甚至可以忽略不计,这正是我们最值得庆幸的一点。小轩只是在人生道路上出现了小小的认知偏差,现在及时纠正正是时候。

二、堵不如疏,给予信任

确认孩子并非道德败坏后,妈妈如释重负。这件事毕竟一直是妈妈心中隐秘的心结,既让她羞于启齿,又让她对孩子的品质深感担忧。如今,通过复盘回顾,妈妈虽然放下了心头重负,但是仍对小轩的错误认知和抗拒诱惑的能力忧心忡忡。我趁机建议,与其"堵"不如"疏",不破不立,要想扭转认知就需要给予小轩机会。我向小轩妈妈详细介绍了班级生活委员的设立细则:由于事务繁杂且涉及财物往来,班级生活委员本就设有两名,既相互协助,又彼此监督。给予小轩足够的尊重和信任,让他在生活委员的职位上亲身体验规则的同时直面诱惑,这将更有利于纠正他关于"聪明"的错误认知,并顺势培养他诚实守信的良好道德品质。同时,我也建议小轩妈妈可以借小轩担任生活委员的机会,与小轩开诚布公地进行交流,将长久以来的担忧和盘托出,直接指出小轩的错误,让小轩了解妈妈的真实想法,借助亲子间的亲密关系引导他重新审视自己的"小聪明"。在这个过程中,最重要的是要充分表达对小轩的信任与尊重,让他反思自己的认知偏差,而非简单粗暴地定性其品质,以免引发他的反感。

三、换个角度,获得认可

作为教师,由于与小轩接触时间尚短,未曾与小轩建立深度信任的关系,因此不适合像妈妈那样直接与小轩探讨报假账的行为,以免伤害小轩的自尊,产生适得其反的效果。于是,我假装毫不知情,将如何公开透明地处理财物、规避风险作为一个难题交给了两位生活委员,让他们发挥聪明才智,自行寻找解决之道。我告诉他们,担任生活委员意味着责任与挑战,要想胜任这一职位就需要充分施展才智,预想可能出现的问题,并提出相应的解决方案,从而获得同学们的认可和支持。

换个角度挑战思维后,小轩果然表现出了浓厚的兴趣,他拉着另一名生活委员兴致勃勃地讨论并提出了一系列风险规避措施。尤其令人惊喜的是,小轩主动提到了"虚报价格"的问题,并有针对性地提出了切实可行的解决方案:每次现金购买物品时都确保至少有一名普通同学参与监督,网购时则保留网上聊天记录的截图,实行钱、账分离的具体分工,以及每月公布一次账目等。

换成主人翁的角度,小轩真正地把自己融入了班级中。作为主人翁,他不需要别人的说教与引导,便有意识地将聪明才智用在了更好地为同学们服务的正道上。我也毫不吝啬地表达了对他的赞美。当我把小轩的一系列举措隆重推介给同学们时,同学们热烈的掌声明显让小轩激动起来。我看到了他因被认可而闪闪发亮的眼神。小轩的聪明得到了大家的认可,这让他真正体会到了被需要的满足感。有了鲜明的今昔对比,小轩根本不需要别人多说,自己也对曾经的"小聪明"弃如敝屣了。

📊 对话成效

高中三年,小轩稳稳当当地担任着生活委员,把账目打理得井井有条。有一次中秋晚会,小轩还主动自掏腰包买了50本小本子作为竞答的奖品。当我提出用班费报销时,小轩豪爽地一挥手说:"老师,这点小钱儿算什么,为大家做贡献,千金难买我愿意!"

从"贪污"公款赚差价,到自掏腰包不在乎"小钱儿",小轩用实际行动纠正了自己成长道路上的一点小偏差,也"扣好人生第一粒扣子"。我相信小轩在今后的道路上能走得更从容、更顺畅!

一个班干部辞职了

📝 事件描述

　　小琳的入学成绩在我们班是最高的。军训时,我通过观察发现她各方面都不错,便任命她为班长。刚入学时,所有班干部都是在自愿报名的基础上由我协调安排的。我跟大家说好,期中考试后班里会进行竞选。小琳各方面的工作都干得很出色,因此我很喜欢她,同学们也很信服她。期中考试成绩出来后的那个周五,我向大家说明:下周一班会时将进行竞选,大家可以自愿报名;现任班干部原则上都需要参与;若有不同想法,周末可以与我沟通。周末结束后,原先的班干部没有和我联系的。我还暗自盘算着各个岗位,思考着如何妥善安排。周一班会课前,就在我准备去教室的时候,得力干将小琳却跟我提出不想干班长了,原因是她觉得班级工作影响了她的学习。我试图挽留,但她毫不动摇,而我越挽留,她越坚决。

🔍 事件分析

　　我细细揣摩这件事情并洞悉学生的心理后,发现小琳主要存在以下问题。

一、小琳的思维模式有待改进

　　我觉得小琳的学习成绩不过是名次的变化,综合她各方面的能力来看,她依然很优秀。然而,小琳认为,她原本遥遥领先的地位已经动摇,昔日的优越感不复存在,担心在同学们心中的地位和威信也会随之下降。她认为成绩是衡量自己是否优秀的首要标准,并急于通过成绩来证明自己的价值给他人看,这反映出她思维上的固化和局限性。

二、小琳很爱面子

　　成绩的波动让她觉得在老师和同学们面前丢了面子。她选择辞职,一是想用逃避的方式给自己心理安慰;二是想试探自己在班主任心里的地位是否因成绩变化而受影响,希望我依然重视她。

三、小琳的格局不够开阔,临阵脱逃是缺乏责任担当的表现

经过一个周末,她都没有与我沟通或提出问题,而是在竞选前一刻才突然提出辞职。她只考虑到了自己,没有顾全大局,也没有想过这一不成熟的举动可能带来的后果,以及对班级工作的影响。她在这个节点提出辞职,让我根本来不及另找候选人。由于班长这一重要职务不是随便一个人就能接任的,这次竞选和整个班级的工作都会因此受到影响。

👥 对话策略

根据萨提亚的冰山理论,学生的行为只是冰山的一角,而冰山下面的主体部分才是学生的真正动机。我们只有看懂冰山下面的深层动机,洞悉学生行为背后的真实想法,才能对症下药,采取有效措施,使问题得以圆满解决。

一、真心交谈,重铸思维

在小琳提出辞职时,我虽然很惊讶,但是很平静地询问原因。她给出的理由只有一个:因为自己的学习成绩下降了,她担心班级工作会进一步影响学习,所以提出了辞职。值得肯定的是,她是个积极向上的孩子。上面也分析过,这个简单的理由实际上反映了她的固定型思维模式。教师需要激发她对成长型思维的认知,鼓励她用成长型思维面对日常学习和生活。

我和她一起分析了做班干部的利弊。实际上,做班干部的确会占用一些个人时间,但在忙碌中能锻炼统筹协调等多方面的能力,有利于个人成长。遇到问题时,我们要学会客观地看待自己、分析自己、调整自己,从而让自己不断进步。

二、尊重选择,欲擒故纵

在和她分析了做班委的利弊及她自身的状况后,我把选择权交给她,尊重她的决定。我虽然很想挽留这个得力的助手,但是见她态度坚决,就答应了她的辞职请求。我明白,此时需要给她一定的空间,如果强行让她继续担任,那么对她个人和班级工作都不会产生积极效果。

三、悉心指导,立德树人

在答应了小琳的辞职请求后,我见她神情稍缓,便趁机引导她进行复盘,思考如何更好地处理这件事。我并没有直接指出她的问题,而是通过提问来引导她思考:"你辞职后,班级是否需要一位新班长?""你有没有考虑过合适的接班人选?""是否需要时间来物色合适的接班人?""今天的竞选能否继续进行?你觉

得班级工作会因此受到影响吗？""你觉得什么时间提出辞职更合适？如何处理会更为妥当？"一系列发问之后，我相信她会随着我的引导进行深入思考，并从中受到启发。我相信这次经历会让她在未来面对类似情境时能够更全面地考虑问题，实现个人成长。

四、创造机会，静候成长

重新竞选后，我公布了新班委的名单。当天，小琳妈妈就给我打了电话，说孩子其实还想当班干部，提出辞职只是一时冲动，并问我是否能再给她一次机会。我知道前面的谈话起作用了。但我未置可否，只是说新班委刚成立，无法立即更换，同时告诉她机会是需要自己去争取的，并鼓励她继续努力。

对话成效

后来，她真的非常努力，即使不是班干部，也常常主动帮忙做事。她还会经常问我："老师，班里还有什么需要我做的吗？"而她的学习成绩也重新回到了巅峰水平。再后来，我找到合适的时机后，便给了她一个机会。她凭借自己的实力再次成为班干部。经过这番波折，她不仅学习更加认真投入，而且成绩保持领先，对班级事务也更加用心、更加努力，将班级事务处理得井井有条。

我很庆幸当时没有冲动行事。妥善处理带来的完美结局让我更深刻地意识到：每个孩子都是值得塑造的。对班主任来说，将一位得力助手重新带回正轨，其实也是给自己一个成长的机会；对学生来说，这既给了她试错的机会，又促进了她的成长。我相信，她在未来的人生中会更加明白什么是责任，学会顾全大局，并珍惜当下所拥有的一切。拥有成长型思维，她定能收获更多的成长与进步。我也更加坚信：教育不能拒绝等待，教育中的等待并非不负责任地放弃，而是一种遵循教育规律的理性抉择。

努力铸就自信美丽

事件描述

又到了周五下午，学生们兴高采烈地从宿舍楼奔向教学楼，满心期待着上完一节课后就能放假回家。我照例在放假前检查了宿舍的内务和卫生，随后到教室检查学生们的"两唱一读"活动及仪容仪表。刚走到教室门口，我就看见小凯头发披散着遮住了半张脸，半低着头，急匆匆地往卫生间跑去。我以为小凯身体不舒服，便向其他同学了解情况。随后，我还是不放心，连忙跟她去卫生间探个究竟。在我的多次询问和催促下，小凯慢悠悠地、半低着头从卫生间走了出来。

细长的眼线、闪闪的眼影、棕色的一字眉、鲜红的唇彩、夸张的美甲……我的焦急、关心瞬间凝固，生气与不解瞬间涌上心头。在这之前，小凯已多次因化妆问题被我及学生工作处主任约谈，并接受了批评教育、扣除德育积分、家长约谈等处理措施。在本周返校主题班会上，我还刚带领全班学习了《中职生守则》和《中职生日常行为规范》，特别强调了行为养成和仪容仪表的重要性。小凯当时还郑重其事地向我做了保证，我记得清清楚楚。中午查宿舍时，她还是素颜，到了下午却突然化了妆，这明显是有意为之，明知故犯！

事件分析

中职生作为一个较为特殊的群体，常给外界留下不爱学习、成绩不佳的印象，并且违规违纪行为也较为常见。由于家庭背景、个人经历或重大生活事件等因素的影响，他们往往行为习惯不佳，学习成绩落后。社会上存在的偏见，也使他们在学生群体中容易缺乏自信，逐渐失去努力学习的动力。因此，他们倾向于在其他方面展现自我，如通过化妆、佩戴首饰、穿着奇装异服等方式在小范围内标榜自己，以吸引周围人的注意。他们虽然动手能力强，但是缺乏健康美好的审美追求，不懂得如何恰当地塑造自己的仪容仪表。

小凯就是其中具有代表性的一名中职女生，她的家庭条件一般，学习成绩一般，没有明显特长，加上眼睛下方有一处浅灰色的胎记，致使她内心自卑。但她身材高挑,模样俊秀,不化妆时显得清新而富有朝气。但由于缺乏自信,加上青春期爱美之心日益增长,为了遮挡胎记并吸引同伴注意,她时常化着与自身长相特点和身份极不相符的成熟妆容。特别是有一次放假,小凯花了很长时间化了一个聚会主题妆容,并发了自拍。面对潮水般的好评与恭维,她的虚荣心得到了极大满足,这更加坚定了她继续化妆的决心。

对话策略

一、倾听取代说教、批评

在中职生的求学生涯中,批评教育屡见不鲜,但他们往往觉得这些道理都懂,不需要过分强调。在化妆问题上,虽然我们多次与小凯深入交流、批评引导,甚至让她写检讨,但是效果并不明显。因此,我们需要转变策略,像要求学生那样,学会换位思考,用心倾听他们的心声,让他们感受到我们的关心和理解。在安静的环境下,当小凯慢慢倾诉出自己成长的苦恼及曾被取笑胎记等不愿提及的往事时,这代表我们的交谈已经进入了有效交流。此刻,适时的共情会使交流更进一步。

二、找准根源替代粗暴禁止

教育学生不能有偏见和"一刀切",教师尤其要谨言慎行。我们要找到问题的根源,而不是简单、粗暴地制止事件本身。我们还要告诉小凯"化妆本身没有错,是积极追求美的表现,但中学生化妆所带来的负面影响要远多于正面影响",让她自己明白这个道理,并且知道什么时间段做什么事情是十分重要的。我们要禁止的是这些负面影响,而非简单的事件本身。为了加强思想转化,我们采用了任务驱动的方式,指导小凯和学习委员小欣(两人曾是多年好友,但因学习和化妆等问题逐渐疏远)进行合作。此外,我们利用周末时间备课、准备材料,计划从理论和实际操作入手,举办一场关于化妆利弊、不同场合妆容选择及化妆技巧的主题讲座。两人为此积极准备,为了呈现更好的效果,周六晚上还主动加班加点筹备。

三、锻炼自信心,从根源上解决问题

由于小凯在学习方面缺乏兴趣和动力,我们难以在短时间内提升她的学习自信心。然而,她对化妆品十分熟悉,化妆技巧也相当熟练,能够在下午起床到预备铃前的短短十分钟内就化好妆。虽然这样的装扮与学生身份不符,但是不可否认的是,她的化妆技能确实值得肯定。因此,我们决定以她的这一特长为切入点,通过举办主题讲座来增强她的自信心。

为了这次讲座,小凯与她的合作伙伴小欣进行了充分的理论准备。周日返校

后,我与小凯、小欣碰面,先对两人的工作表示了肯定,然后指导她们修改了讲座的PPT,并帮她们理顺了讲座流程,最后还设置了现场互动环节——三个不同场景下(学校文艺会演、日常聚会、就业面试)的妆容选择与现场志愿者上妆演示。晚自习时,我班用两节课时间举办了该主题讲座。在小凯、小欣的主持下,化妆利弊大讨论和现场情景互动上妆两个环节非常成功,学生参与度极高,讨论热烈且深入。最终,这次主题讲座圆满结束,取得了显著的教育效果。通过这次活动,小凯不仅收获了多年学生生涯中的首次成功体验,还意识到只要足够用心和努力,自己就可以这么棒,从而初步建立了自信心。

四、科学指导和心理疏导相结合,巩固教育效果

(1)适时向专业心理老师求助,对胎记和自卑问题进行根源剖析和心理疏导。我们将小凯在讲座时自信飞扬的照片冲洗出来并张贴,以此让学生明白:真正的美丽是由内而外的,只有真正的努力才能创造自信和美丽!

(2)深化对"努力才能成功"这一理念的认识。在增强自信心的基础上,我们开始对小凯进行学习方法指导,如设定每日小目标并进行打卡,同时让她与小欣组成学习互助小组,以期趁热打铁,共同努力,逐步改变现状。

📊 对话成效

经过心理疏导和后续巩固,小凯终于能正视自己的问题,对化妆有了更深刻的理解,也明确了学生的职责。现在,小凯虽然偶尔会用隔离霜或防晒霜,但是很少在学校化妆了。这次成功的讲座后,小凯不仅自信心得到了极大的提升,还在小欣的帮助下提高了学习成绩,并再次收获了友谊。由于小凯的进步显著,并且在班级内的主题讲座也取得了良好的教育效果,一个月后,在老师的协助下,她与化妆品专柜的专业人员共同策划了年级专题教育讲座,取得了巨大成功,这进一步激发了她的学习动力。通过这件事,小凯彻底转变了思想,找到了获取自信的方法,也明确了未来的努力方向和就业意向。她打算先努力学习,考上大学后深入学习化妆技能和营销知识,为将来从事化妆品行业做准备。

信任和鼓励远胜于批评和说教,我们应当用理解和爱心去关怀、影响每一位学生。我们只有激发学生的兴趣和自信心,才能使他们在行为规范和学习方面取得明显进步,从而收获更好的教育效果。

小龙复学记

事件描述

新生开学之初,学校按计划进行了为期 1 周的军训。在此期间,几名"特殊"的学生引起了我的注意,小龙便是其中之一。在为期 7 天的军训中,小龙有 4 天因各种理由请假,未能到校参加训练。在与小龙妈妈多次沟通后,我了解到小龙的父母在暑假期间刚刚离婚,这对小龙来说是个不小的打击。了解情况后,经过我和小龙妈妈的共同劝导,小龙回到了学校并继续参加了军训,最终勉强熬过了军训,正式开始了学校的学习生活。

不出意外,开始上课第一周的某天早晨,新鲜劲儿还没过,小龙又"生病"了。这次他依然以肚子痛为由,请求请假两天。我尝试联系小龙,但他拒接电话。随后,我联系了小龙妈妈,她告诉我那天早上小龙因与她发生争执,摔门后将自己反锁在房间里。由于小龙妈妈要上班,小龙目前独自一人待在家中,并对到校上课表现出强烈的抵触情绪,甚至扬言要退学。

事件分析

该事件源于家庭沟通不畅,其根本原因在于家庭关系破裂导致学生情绪产生巨大波动,进而引发厌学心理。在此事件中,教师应结合马斯洛需求层次理论及学习动机理论,引导学生走出困境,并发挥家校共育的作用,帮助学生在思想和行为上回归正轨。

从学生本人来看,小龙本身是一名非常聪明且活泼的学生,本性善良,乐于助人,喜欢和同学们打成一片。经过和小龙的多次耐心沟通,他终于向我敞开了心扉:"爸爸妈妈前几年把我从奶奶家接回他们身边一起生活,我刚开始觉得很幸福,这么多年总算能和他们一起生活了。但好景不长,爸爸在外喝酒赌博,妈妈为此和爸爸从小吵小闹发展成了大吵大闹,后来时常有人上门讨债,这对我们的日常生活造成了很大困扰。我很心疼妈妈,但也没有办法。"在此情况下,小龙妈妈坚决与小龙爸爸离了婚。我问道:"你内心是怎么看待父母分开这件事的呢?"小龙思忖了片刻,缓缓地说:"对我来说,这确实是挺大的打击。我会想,是不是因为自己的原因影响了他们的生活,从而导致他们离婚。毕竟,在我没跟他们一起住的时候,他们关系还不错。"在这种想法的影响下,小龙反复陷入自责中,认为自己做得不够好,很失败。我轻拍小龙的肩膀以示安慰,内心有说不出的滋味。实际上,由于小龙的父母长年在外打工,对他疏于管教,小龙是由奶奶抚养长大的,但这并不意味着他内心不渴望父母的爱。初中时,小龙的父母将他接回身边一起生活。但好景不长,生活中父母摩擦不断,激烈且频繁的争吵让小龙的内心遍体鳞伤。他并没有得到想象中的幸福生活,同时内心每天都在承受着痛苦的煎熬,这直接导致小龙中考失利。

我从与小龙妈妈的谈话中得知,她对小龙的未来抱有很高的期待。她认为小龙聪明、理解力强,是个学习的好苗子。然而,小龙妈妈非常自责,认为是自己不够称职才导致孩子变成今天的样子。谈话中,她不自觉地落下眼泪,可见承受压力之大。但在小龙面前,她必须坚强,希望小龙能专心学习,将来凭自己的能力找到一份好工作。需要注意的是,小龙妈妈在与小龙的实际沟通中在对孩子的行为规范指导方面存在很大问题。这既是由于长期缺乏与小龙的接触导致的疏离感,而这种疏离感在短时间内难以消除,又因为受到传统思想的影响,采用了打压式的教育方式。小龙妈妈虽然心里时刻为小龙着想,但是说出的话变了味,让小龙难以接受。小龙的父母离婚后,他被判给妈妈抚养,而在校期间,他的父亲从未出现过。

通过分析整个事件,我发现现阶段小龙排斥到校继续读书。作为教师,我应与小龙妈妈合作,帮助小龙接受家庭环境的巨大变化。待小龙情绪稳定后,再引导他主动回归校园生活,逐步在学习和生活中感受美好与快乐,减少不良情绪的内耗,并努力帮助他形成正向的生活循环。

对话策略

一、理论指导,问题梳理

根据马斯洛需求层次理论,并结合小龙的实际情况,由于家庭破裂,小龙在安全需求层级(第二层)未得到满足,因此在生理和心理上均感受不到安全和稳定,导致他对当下和未来环境产生恐慌。他无法在归属与爱的需求(第三层)中得到满足,难以进行正常社交,无法与他人建立情感联结,这些是小龙产生厌学情绪的主要原因。

根据诱因来源的不同,学习动机分为内部学习动机(内在动机)和外部学习动机(外在动机)。军训期间,小龙妈妈和老师不停地催促小龙到校参加集训的行为属于外在动机,对他而言效果甚微。通过深入的对话,我们应引导学生将外在动机转化为内在动机,使其自愿到校学习,体验学校生活的美好。

二、高效沟通,调节情绪

我有针对性地与小龙妈妈进行了沟通,告诉她,在父母与孩子的沟通过程中,我们应秉持的基本原则是耐心倾听、表示理解、换位共情、阐明道理。整个过程中,小龙妈妈应该充分尊重小龙的感受,多给予他正向、积极的引导,避免打压式对话,采用平等的交流方式,让小龙更多地感受到家庭的温暖。同时,小龙妈妈应该多向小龙讲明学习的意义,使他从内心认识到学习的重要性,并全力以赴。

我帮助小龙从家庭的角度进行深入分析,告诉他:"未来的生活一定是美好的,是值得期盼的,因此我们应该往前看。通过努力学习,长大后创造美好生活来孝敬妈妈,这是对妈妈养育之恩的最佳报答方式。"通过对话,我降低了小龙对生活的不确定感和恐慌感,满足了他的安全需求。同时,我告知小龙,同学们都非常期待他回归,想和他一起学习,一起参加各种活动,这有助于满足小龙对归属与爱的需求(第三层级)。

三、家校共育,落实行动

我们从学校的角度给予小龙一定的帮助和支持。在与各任课教师沟通后,他们纷纷表示会在课堂上给予小龙更多关注,让小龙尽快感受到各门课程的不同魅力。此外,家校双方始终牢记共同的教育目标,齐心协力促使小龙回归正常的校园生活,并从中感受到爱与幸福。

四、持续观察,定期沟通

小龙重返校园学习生活之际,教师应当承担起更加细致入微的关怀责任,不仅要持续观察他的行为举止与心理状态的变化,还要定期与他展开深入的沟通与交流。这种交流不仅是形式上的问候,还是心灵上的倾听与理解,旨在帮助小龙克服可能遇到的困难,及时调整心态,从而确保他能够全面且顺利地融入校园生活。

📊 对话成效

经过多次深入对话,小龙的心理状态发生了显著变化,他变得更加积极乐观,能够勇敢地迎接生活中的挑战。在行为层面,小龙现在每天都能按时到校学习,各科成绩均衡发展,并在班级中处于中等偏上的水平。各任课老师也纷纷反馈,小龙在课堂上表现活跃,课后作业完成得认真及时,与同学们的关系也十分融洽。此外,通过与小龙妈妈的交流,我了解到小龙在家中的表现也有了很大的进步。他不仅能够主动帮助妈妈分担家务,还会自觉地复习功课,甚至有了将来继续深造并进入更高学府学习的打算。在校期间,我观察到小龙的表现同样出色,他严格遵守学校的各项规章制度,尊敬师长,勤奋学习,心理波动明显减少,生活正逐步走向正轨。

　　综上所述,对于学生出现的任何问题,我们都不能仅从表面现象出发,而应该深入挖掘学生内心的想法和感受,并采取针对性的措施进行干预。同时,家校之间的紧密合作也是至关重要的,只有双方携手努力,才能取得最佳的教育效果,才能让小龙在温馨和谐的环境中茁壮成长,享受校园生活的美好与快乐。

拂拭尘埃

📝 **事件描述**

　　周一举行升旗仪式,学校要求 7:20 集合站队。作为班主任,我总是提前 5 分钟到达指定地点等待学生。学生们也十分守时,往往还没到 7:20,体育委员就已经带着整齐的队伍来到了集合点。班里总共有 48 名学生,我逐一进行点名,结果发现小宇又没来。开学仅仅不到 2 个月的时间里,这位公认的"拖拉大王"已经累计 5 次在升旗仪式上迟到,几乎每周必犯。由于人数未达标准,班级被扣了 2 分,同学们对此也颇有微词。升旗仪式结束后,我碰到了姗姗来迟的小宇,询问他迟到的原因。小宇解释说:"老师,我今天真的很早就坐上公交车了,本来是不可能迟到的,可是公交车跑着跑着,车门竟然掉下来了!"我对这个荒诞不经的理由感到十分惊讶,更对小宇一再撒谎的行为感到失望。我强忍着内心的怒火,深知必须尽快采取措施,帮助小宇改掉拖拉和撒谎的不良习惯。

🔍 **事件分析**

　　这是一起典型的班级日常管理案例,涉及小宇频繁迟到并编造理由的情况。经过交谈,我了解到小宇每次迟到的理由都是精心编造的谎言。说谎,往往是个体为了逃避责任、满足个人虚荣心或规避潜在困扰而采取的一种自我保护策略。然而,在班级这个集体环境中,学生频繁说谎,不仅会引起其他同学的反感,损害其人际关系,还可能因为个人行为导致班级整体利益受损,如因迟到被扣分,从而引起同学们的不满。因此,无论从维护班级秩序的角度,还是从学生个人品德发展的角度,纠正小宇的这一不良习惯都显得尤为重要和迫切。

　　从学生个体的角度看,小宇存在睡懒觉、做事拖拉的问题,同时自控能力较弱,纪律观念相对薄弱,学习目的不明确,并带有一定的厌学情绪。这些平时养成的惰性习惯导致他经常迟到。为了逃避惩罚,他又常常为自己的迟到编造各种理由,如闹钟坏了、奶奶做饭晚了、公交车拥挤未能上车、出门忘带钥匙等,这些大多是转嫁型的谎言,即将自己的过失通过言语转嫁给他人或事物。久而久之,他便逐渐养成了说谎的习惯。

从家庭的角度看,小宇的父母因经常加班,为了照顾孩子的饮食起居,便安排小宇与奶奶共同生活。奶奶对小宇疼爱有加,并对小宇的要求言听计从。每当孙子有违反纪律的事情发生时,奶奶总是将责任揽到自己身上,袒护孙子。这种袒护实质上也是一种谎言,无形中给小宇树立了不良的示范,使他对撒谎这种不良行为习以为常。而小宇的父母虽然有心管教,但是由于工作繁忙,往往力不从心。即便偶尔见面时的几句叮嘱也显得草草了事且缺乏深度,未能引起小宇的重视。在与家长深入交流后,他们表达了愿意配合学校工作的意愿,但同时也流露出一定的无奈情绪。

从班级管理的角度看,对于小宇的迟到行为,作为班主任,我已尝试了多种方法:晓之以理,动之以情,时而鼓励,时而批评,甚至打电话催促他早起,或者安排附近的同学提醒,还多次联系家长……但这些努力收效甚微,小宇每次迟到仍然会编造各种理由。我虽然明知这些理由多属虚构,但是为了维护学生的尊严,从不戳破,始终相信、关爱、包容并感化他,期望在教育过程中促使他改变。而一段时间后,我发现过度的宽容并未使小宇有所进步,反而助长了他的拖拉习惯,他的谎言也越来越离谱了。其他同学渐渐地疏远了小宇,没有一个小组愿意接纳他为成员,甚至有学生对我的判断和管理能力产生了质疑,这为班级管理带来了潜在的隐患。

👥 对话策略

一、针对学生,营造诚信氛围

小宇的不良习惯不是一朝一夕形成的,不能仅凭简单的训斥或家长的压制来解决,而应深入探究问题的根源,让他从内心深处有所触动。良好的习惯能让学生终身受益,而不良的恶习则会对其一生造成危害。从某种意义上来说,习惯塑造着命运。学生正处于身心快速发展的阶段,具有很大的可塑性。面对小宇的不良行为,作为班主任,我应该从思想教育入手,与小宇进行真诚沟通,让他清楚了解老师的态度,从而帮助他逐步养成良好的行为习惯。

那天,我没有发脾气,而是与小宇一同来到办公室,并给他倒了一杯水,然后真诚地与他聊起来。"小宇,开学不到两个月,你已多次迟到,每次给出的理由更是五花八门。我虽然表示了理解并给予了宽容,但是这并不表示老师的智商低,是一个好骗的人。我之所以没有深究,是因为我相信每个学生心中都藏着一个真善美的天使,只是有的天使纯洁无瑕,有的则稍显蒙尘。我相信,你一定会拂去尘埃,展现出自己内心最美的天使……""不过,我也向你道歉,之前没有明确地表达我的立场和要求,可能让你产生了误解……"我与他谈及了作为班主任的期望,谈到了他在班级中的人际交往状况,以及人生的意义,还谈到了父母辛苦工作的话题。经过坦诚的交流,小宇也真诚地回应道:"老师,以前那些迟到的理由都是骗您的。您每天早上打电话催我早起,我心里都清楚,只是拖拉的毛病总是改不掉。为了不让您生气,我总是费尽心思编造理由,但其实编造理由也让我很难受……老师,我保证,以后一定会努力改正,不再编造理由了。"

二、针对原生家庭,以身作则树榜样

学生说谎的行为往往源于家长的教育态度。家长如果在日常生活中不能以身作则,就会给孩子提供不良示范。因此,作为班主任,我应鼓励家长在教育子女时要以身作则。

我与小宇的父母进行了深入沟通,谈话内容涉及孩子的现状、在班里的情况及将来踏上社会的预判等。他们表示完全同意我的观点,并积极配合学校的工作。但我深知,小宇大部分时间都与奶奶共同生活,因此与奶奶的沟通同样至关重要,不容忽视。在征得了小宇父母的同意后,我与小宇奶奶进行了一次交流,重点放在了不要为小宇包揽一切责任上,更不能为了让小宇逃避责备而替他撒谎。否则,孩子不但不会悔改,而且会变本加厉,甚至模仿成人的做法,说谎扯皮。为了孩子健康成长,家长需要提升自身修养,抛开善意谎言的外衣,做好孩子的表率,培养孩子的担当精神,以此帮助孩子养成良好的行为习惯。小宇奶奶本就把他放到心尖上,听闻自己的做法不但没有帮到小宇,而且会让他越发退步,而老师的建议对小宇的成长更有利,于是也就渐渐改变了教育方法。

三、针对班级教育,正面教育重引导

发现学生有撒谎行为后,切不可不问青红皂白就将其树为反面典型,这样做治标不治本,还可能把学生推向叛逆甚至毁灭的道路上。若处理过激,还会引起其他同学的反感,不利于班级管理;但若置之不理,其他同学可能会效仿,导致班级制度形同虚设。因此,对这个"度"的把握就需要艺术,正所谓教育欲动,思想先行。我利用班级团队活动时间,开展了以"诚信"为主题的班会,树立了诚信榜样。通过榜样人物的言行,将抽象的道德规范具体化、人格化,使教育更具形象性、感染力和实效性。我鼓励学生积极讨论,发表意见,在思维碰撞中认识诚信的重要性及说谎的弊端。同时,班级每月评选"诚信之星",公开表彰,并向获奖学生家庭寄送喜报。在正向教育的引导下,小宇也在班会上坦承了过去的错误做法,并承诺今后遵守纪律,勇于担当。由于他敢于面对错误,大家也改变了对他的看法,班级里诚实守信的氛围愈发浓厚。

对话成效

　　罗素曾说:"孩子不诚实几乎总是恐惧的结果。"因此,当学生犯错并应该受到惩罚时,我们不应简单地加以训斥和处罚,而应挖掘原因,深入分析,对症下药,这样才能激发学生改正错误的内在动力。我们要用爱心营造真诚的氛围,启迪学生的良知,促使他们形成良好的品德,成为人格健全的人。在之后的日子里,我再也没有给小宇打过催促电话,而他也竭尽全力地践行着自己的诺言。当然,迟到还是会偶尔发生,但他再也不编造五花八门的理由了。我想,他心中那个真善美的天使,已将点点尘埃悄然抖落了。

"权力"欲动，德育先行

　　进入高二下学期，随着学生会换届选举的落幕，班里那些在学生会里历练了一年多的小干事们凭借自己的辛勤付出赢得了上届部长的青睐与信任。硕硕被推选为新一届的卫生部部长，小伟则担任了体育部部长，文轩也成功当选秘书长，系里这几个重要职位被我班学生收入囊中。公示结果的那一天，3个孩子兴高采烈地来到办公室，向我报告好消息，并拍着胸脯说："老师，您放心吧，有我们3个在，咱们班肯定不会扣分了！学期末，咱们班稳拿第一！"我向他们表示祝贺，同时也好奇地问道："为什么你们一当上'干部'，同学就都自觉地不犯错、不被扣分了呢？"3个孩子相视一笑："老师，学生会里有我们几个罩着，咱们班就算被扣分，我们也能摆平！"

🔍 **事件分析**

　　学生会本是学校里的一个重要组织，既是学生的群众性团体，又是连接学校与学生的桥梁和纽带。这支队伍由一群拥有组织管理权限的特殊学生组成，他们与普通学生有着相似的思维模式，因此应当充满活力，保持积极向上的态度，并严于律己，做到公私分明。在团委老师和班主任的指导下，学生会的学生应当进行自我管理、自我教育、自我监督，并积极服务同学、关心他人，成为学生的榜样。他们的言行举止对营造学校良好的风气起着至关重要的作用。他们不仅是班级的佼佼者，还是系里的一张张"名片"。

　　从学生个体的角度看，这3个学生是班里的班干部，他们认真负责，工作能力出众，并且拥有强烈的集体荣誉感。经过一年多的努力，他们成功晋升为学生会的重要成员，但也因此有些飘飘然。一方面，他们刚刚当上学生会重要岗位的"一把手"，自认为手握"大权"，以后就更有能力庇护自己班了；另一方面，他们也想在班主任和同学面前炫耀自己也是"管理者"了，能指挥学弟学妹们了。他们本意不坏，甚至认为这是为班主任分忧，认为只要班级不被扣分，班主任就能轻松些。然而，他们错误地将不被扣分等同于没问题，而今又初掌"大权"，自然想利用手中的"权力"抹掉"黑点"，让班里同学放心，让班主任省心。但权力犹如一把双刃剑，只有正确使用，才能发挥其效能；一旦被滥用，便会使拥有者伤人害己。

从班级的角度看，一旦大家知道班里有学生会的"高层干部"，许多学生可能会认为，即使犯错也会有人庇护，甚至仗着"上面有人"，即便犯错也不用担心班主任知晓，从而变得肆无忌惮。班主任本来在学生的成长中扮演着引路人的角色，要帮助他们纠正不良习惯，明确自我定位。然而，如果学生会滥用职权进行干涉，那么班主任所见到的只能是表面上的一片祥和，这不仅无助于班级管理，还可能使班级走向衰落。

从学校的角度看，学生会在学生管理中发挥着非常重要的作用，风清气正是对学生会的基本要求，而训练有素、管理有道的学生会也是学校的"名片"。如果不先对学生会学生进行正确的思想引导，帮他们澄清思想上的误区，提升他们的思想境界，学生会就会变得乌烟瘴气，导致管理者滥用职权，被管理者心生不满，最终使得整个学生管理体系陷入混乱无序的状态。

作为班主任，面对初次担任学生会干部的 3 个孩子，我必须先帮助他们树立正确的思想观念，确保他们心正行端地履行学生会管理职责。

🗩 对话策略

一、晓之以理，树立正确价值观

中职生大多未成年，尚未形成正确的价值观。在开展学生会工作的过程中，他们更倾向于模仿往届学长的做法，同时还要兼顾到所谓的人情世故。因此，我需要对新上任的学生会部长进行思想引导，让他们认真履行本职工作，绝不能凭借手中的权力徇私舞弊。如果疏于引导，任其发展，就会导致管理者和被管理者之间缺少信任，并使他们的各项工作效率下降。于是，我与这 3 个孩子进行了诚恳的交流，晓之以理，摆明立场。"咱们班被扣了分，不仅不能包庇纵容，还要加倍扣分以示公正！"他们听后十分惊讶，我解释道："你们刚当上部长，如果包庇自己的班级，就会引起大家的不满，这会让你们在学生会里难以立足。而班里的同学一旦发现学生会中存在包庇行为，就可能变得更加肆无忌惮，导致咱们班级情况恶化，形成恶性循环。相反，如果你们先从自己班级做起，严格公正，你们的威信就会自然而然地树立起来；班内的同学也会变得自觉自律，班级状况越来越好，从而形成良性循环。"硕硕仍有顾虑："老师，那咱们班的分数岂不是要低了？"我回答说："与分数相比，学会如何做人更为重要！"

二、正面引导，顺利渡过人情关

学生会是一个学生团体，同时也是一个"小型社会"，正如学生们常说的，"有人的地方就有江湖"。许多学生在加入学生会后，一旦拥有了权力，便常常喜忧参半。文轩向我倾诉："老师，您不知道，我们现在有了一点小权力，大家都来捧我们，说以后就指望我们了。有时候真的很难办，我们答应吧，感觉辜负了老师的信任；不答应吧，就会遭到各种讽刺和挖苦。"我为学生们分析了只顾人情、丧失本心的危害，并引导他们正确处理人际关系：要谦虚谨慎，摆正自己的位置；要以宽容的态度处事，不苛求于人；要以助人为乐的态度进行管理，做到一视同仁。只要行为端正，就能无愧于心。如果能顺利跨越人情这道坎，那么收获的不仅是工作能力的提升，还有个人情趣与学识的丰富，这更是人生旅途中极其宝贵的历练与财富。

三、搭建桥梁，助力成长小教官

解除了新上任学生干部思想上的后顾之忧后，班主任并不能袖手旁观，还需要进一步助力学生成长。其实，学生普遍具有"向师性"，他们潜意识里告诉自己要听从老师的教导，这是学生的基本特征之一。因此，我便利用班会时间，与全班学生进行了深入探讨，并设置了以"学生会同学为班级抹掉扣分之利弊"为主题的辩论。辩论赛上，大家开诚布公，畅所欲言。经过一番真诚的讨论，同学们理解了学生会同学的难处。同时，我也发挥了老师的引领作用，既鼓励学生会的 3 位同学大胆开展工作，又对他们的工作方法进行了指导。班里的同学也纷纷表示会支持这 3 位同学的工作，绝不给他们添麻烦。

对话成效

新的教育理念和现代教育实践都告诉我们，班主任不仅是班级的管理者，还是学生身心健康成长的守护者。成功的沟通能化危机为机遇，使彼此前行的道路更加宽阔平坦。我是这样跟学生说的，孩子们也是这样做的。现在，这 3 位学生会干部不仅赢得了老师的信任，还获得了同学的信服，其中硕硕还被推荐为下一届学生会主席的人选。班里那些"以身试法"的孩子，都被加倍扣除了德育积分；"观望"的孩子，也及时收敛了行为。在正确思想的引领下，全班学生越发遵守纪律，展现出积极热情的态度，为人坦荡，使整个班级风清气正。如今，扣分现象几乎没有了。我想，与其限制学生的行为，不如让他们心悦诚服。

当"我想退学"成为口头禅

事件描述

康康，一名15岁的中职男生，3岁时因奶奶看管疏忽，不慎将手伸进机器，导致右手仅剩下手掌和拇指，但他平时性格比较活泼开朗。刚进入班级时，康康主动申请担任卫生委员，积极参与会议，传达会议通知并布置相关任务。然而，他缺乏坚持下去的毅力，行动力也差。几个月的时间里，由于工作中遇到的种种挫折，他多次向我提出辞职的请求，甚至一度想要退学。但在我的耐心劝说、细致指导及班长的热心帮助下，康康最终坚持下来，圆满完成了半学期的工作，并顺利进行了工作交接。后来，康康开始了与我的"密切"接触，从"请假舌战""热心谈话""心理疏导""老师，我在宿舍睡不好觉，太难受，想回家""老师，我学不进去，想回家"，慢慢地变成了"老师，我就是没办法休息，有时候坐到后半夜，我想退学"（考试失利），"老师，我什么也不想干，就想换个学校"（学生反映康康"失恋"了），"老师，我要退学"。

事件分析

通过家访，我了解到康康的生活背景、父母的教养方式及他成长过程中的关键事件。结合他平时的学习和生活表现，我分析了他的人格特征和事件起因，最终得出了答案。

一、活泼自信的表象下掩盖的是逃避型人格

所有事件的根本原因在于康康活泼自信的表象下，实际上隐藏着一种逃避型人格。小时候的一场意外导致康康右手残缺，父母，尤其是爷爷奶奶因此对他格外溺爱，并且绝口不提手的事，还担心他因此被其他小朋友欺负。好在母亲相对理智，平时扮演了稍带严厉的角色。这使康康性格活泼，颇受同学们欢迎。他平时习惯将右手不自觉地插到裤兜里，只露出半个手掌和完整的大拇指，像是在"耍酷"的样子。然而，家长这种弥补式的爱护，无意中让康康意识到自己与他人的不同，因

此他潜意识里又是敏感自卑的,用表面的"自信"来掩饰自己的"小秘密"。在"失恋"时,他会联想到自己的"缺陷",受到的打击也因此加倍。

二、存在不合理的信念,不能直面自己的不足,缺乏毅力

事件发生的主要原因在于康康存在不合理的信念,不能直面自己的不足,缺乏毅力。他认为自己是不完美的,再努力也有很大的不足。因此在面对困难或挫折时,他立刻想到后果并选择逃避,从未真正审视困难本身,也未思考过是否有解决方法,就像他明知手有问题却又不愿正视一样。然而,现实生活中发生的事件与手的残缺有着本质的不同,手的残缺是无法改变的,但我们能通过努力去改变那些发生的事件。

三、家庭重大事件使他更渴望得到关注

家庭发生的重大事件使康康更渴望得到关注,这是事件的直接原因。一方面,家人因开店做生意而没有过多精力陪伴他;另一方面,这学期小弟弟的出生使一直以来都是家中焦点的康康因家人关注力的分散而突然感到极度失落。于是,从第一次因睡不着、难受而请假开始,老师的关心询问、耐心倾听和疏导让康康找到了一丝"心理补偿",他开始寻求安慰,甚至在犯错时先采取"出问题"的方式来逃避后果。随着此类事件的频繁发生,加之老师有其他工作,无法随时陪伴他聊天,这一问题逐渐"升级",最终变成了康康的"退学武器"。不过,除了第一次真正有过退学念头外,其余时候他并非真的想退学。

残疾、自卑、失恋、逃避……康康面临的问题较多,但根源主要在于他小时候的残疾事件没有得到妥善处理,从而使他形成了不合理认知和自卑心理,导致他遇到问题时往往不能正视且缺乏毅力。因此,我先从根源入手,引导他深入剖析内心,真正接纳自己:身体残缺无法改变,但其他方面均可以通过努力来改善,进而提升自我价值。这样,失恋、退学等问题才能更有效地得到解决。

🧑‍🤝‍🧑 对话策略

一、"全"与"爱":了解情况全,学生感受爱

要想发现问题,就要全面了解情况,这样才能对事件做出比较准确的判断。首先,通过家访、与之前的同学和老师交流,深入了解学生的生长经历和人格特征,是所有工作顺利开展的基础。然后,我们对学生要有爱。无论学生属于哪种类型的人,来到我们班级,都代表着社会和家庭对我们的信任。我们应当心无芥蒂、一视同仁地关爱他们。班主任一个小小的爱的举动就有可能打动甚至转变一个学生。通过

学习指导、工作指引和生活关爱,我们要让学生感受到在这个集体中,每个人都是重要的,都是被喜爱的。

二、"勤"与"细":班级工作勤,工作处理细

班主任工作要勤了解、勤观察、勤发现、勤解决,做到腿勤、眼勤、嘴勤。班主任平时应勤于走访教室和宿舍,积极进行家访,以便及时发现并解决问题。同时,班主任要善于利用学生的每一个优点,毫不吝啬地给予表扬。班主任还需要特别关注细节,尤其对于那些敏感的学生,因为他们往往对事情非常敏感且容易隐藏自己的真实想法,所以我们必须从细节中去发现和理解他们。例如康康,每次受到表扬时,哪怕会手舞足蹈,也会下意识地把右手插到裤兜里,这是潜意识里自卑的表现。因此,班主任需要细心观察,勤于表扬。

(一)剖析心理自卑的根源

在本案例中,我们先剖析康康心理自卑的根源,通过借助心理咨询和疏导来解决根本问题,这建立在双方足够信任的基础上。通过运用心理咨询技巧进行深入交流,我们可以帮助康康有勇气面对自己的身体缺陷,并实现自我和解。由于残疾事件发生太久,必要时需要学校的专业心理咨询师介入,从根本上解决困扰康康多年的心理问题。

(二)消除不合理信念,建立合理信念

恋爱失败应归因于学生思想不成熟或暂时不合适等因素,而非身体条件,因为身体条件在恋爱关系确立前后并未有所改变。虽然身体无法改变,但是事在人为,只要肯努力,事情就会向好的方向发展。同时,我们要引导康康认识到当前并非恋爱的适宜时机。

(三)行为指导,培养优秀品质

我们要引导康康勇于承认自身不足,敢于直面困难,积极思考解决办法,最后勇敢去做。针对康康的考试失利,我们引导他深入分析原因,总结失败的原因,同时探讨成功同学的学习方法。在此基础上,我们引导他制订科学的学习与复习计划,监督他的实施过程,从而及时进行反馈与调整。最后,通过毅力与品德养成打卡的方式,我们进行持续的指导与监督,逐步培养他坚韧不拔的优秀品质。

三、"严"与"弛":规章制度严要求,松弛有度享自由

"无规矩不成方圆",班级管理必须松弛有度。学生只有遵守基本的法律法规,

才能在此基础上享受最大限度的自由。因此,让学生参与制定班级管理规范,不仅能提高规范的认可度,还能在日常学习中培养学生的底线思维。此外,我们还应适当赋予学生权力并提供奖励,如学生自治权和活动策划组织权等,对长期表现优秀的学生,可以颁发一张非原则性错误的"豁免券"。对于康康,如果他未能按时完成工作任务,我就会耐心指导并督促;如果他身体不适或心情低落,我就会给予心理疏导;如果他睡过头,我就会批评并安排任务让其弥补。然而,如果他将"退学"挂在嘴边,甚至作为逃避惩罚的"武器",我就绝不纵容。

在确认康康并非真心想退学后,我选择在他再次提及"退学"的时机,直接而坦诚地说:"老师每一次都尽力了。既然你对学校、同学们都没了感情,对退学如此坚决,认为这里学不到东西,为了不耽误你的发展,我会联系家长来办理手续。"这一反常规的举动让康康措手不及,他开始拖延,并找各种理由。他对我说:"我家人现在没空,学期中途退学也进不了新学校,要下学期再办吧。老师,您再让我留一个月吧。"这时主动权回到了班主任手中,后续的工作也就顺利多了。当然,这一切都是建立在前期长时间的接触与关心之上,让学生对学校、老师产生了一定的情感,并确认学生退学意愿并不强烈或并非真心所想。

最终,学生通过宣泄情绪、树立合理信念、形成科学的思维等方式,得以摆脱心理的桎梏,勇于正视自身不足,并下定决心去改进,从而实现了心理层面的成长与蜕变。在塑造良好品质与习惯的过程中,虽然会遇到波折与反复,但是我们必须持之以恒地给予鼓励与正向强化,以此增强学生的自信心,进而促进他们形成并巩固这些优秀的品质与习惯。

📊 对话成效

通过多次谈话和最终"摊牌",康康终于正视了自己的问题,他的逃避情绪和心理状态有了明显转变。在老师的帮助下,康康首次分析了导致这些问题的事件原因及内心感受,并承认了自己的逃避行为。随后,他制定了行为转变和品质养成计划,并开始实施打卡监督。在心理老师的协助下,康康第一次与家人开诚布公地谈及自己小时候的那次意外及多年来对此的埋怨,抒发了多年来潜意识里的委屈。通过交流和情绪发泄,康康与家人消除了误解和隔阂,心情得到了释放。这一步对康康而言至关重要,为他今后的学习和生活顺利进行奠定了良好的基础。至于人格完善和心理健康成长,这是康康长期且艰巨的任务,也是他或多或少要面临的考验。此外在专业老师的指导下,康康还需要通过不断地学习和磨炼,继续成长。

转变，从遵守"游戏规则"开始

事件描述

正值周五早自习，我在班里提醒那些尚未完成本周单词背诵的同学抓紧时间背，如果未能完成，下午放学后就需要留在学校继续背诵，以此激励学生们在周五这一天能集中精力完成背诵任务。这时，昊昊举手说："老师，我肚子疼，申请请假回家。"但他的表情没有丝毫不适，反而带着些挑衅。结合昊昊之前的表现，我猜想他是想逃避背单词，找借口提前离校。于是，我让他先到办公室门口等我。过了一会儿，我回到办公室，昊昊跟我说："老师，我刚刚吐了，胃不舒服。"说着，他用手指向四楼正下方的花坛，表示自己刚刚吐在那里，言下之意是希望我尽快给他写假条让他离校。

事件分析

本事件属于品德培养事件。事件中的昊昊是一些学生的缩影，他们缺乏规则意识，喜欢用一些"小聪明"来逃避规则约束，并且习惯养成较差。这些学生因从小未能形成良好的学习习惯和规则意识，对教师的要求视而不见，逐渐变成了如今的样子。作为班主任，在接手一个新班级时，第一步也是最重要的一步就是制定班级规则，增强学生的规则意识，并培养他们养成良好的学习习惯。

从学生个体的角度看，昊昊是一个性格豪放的男孩子，仗义且略带"江湖气"，喜欢与朋友打成一片。然而在学习和校园日常生活中，他时常偷懒、撒谎，无视课堂常规，甚至欺负班内同学。开学之初，他或声称脚受伤，或说肚子疼，或编造其他理由，频繁通过请假来逃避课间操。在数学课未结束、数学老师仍在教室的情况下，他就与另一名同学大摇大摆地走出教室，准备去操场上体育课。午休时，他未经允许便与班内同学到操场踢足球。他各科作业几乎次次不交，即使老师反复催促，也无动于衷。他还顶撞其他任课教师，只要稍有不顺心的事情就大发雷霆……诸如此类事情数不胜数。

从原生家庭的角度看，通过与昊昊及其父母交谈，我对昊昊从小的成长环境有了一定了解。昊昊有五六年是跟着奶奶在老家生活的,因为他的父母曾去日本打工,直到近一两年才回国。但周末昊昊还是回奶奶家。昊昊对父母的约束和管教表现出叛逆情绪,基本处于无人能管教的状态。他妈妈在与我沟通时,多次流露出愧疚之情,认为是自己错过了昊昊成长的关键时期,才导致他现在的样子。妈妈深知昊昊的脾气性格和一直以来在校的表现,与我交流时,更希望我能对昊昊多些理解和包容,不要放弃对他的教育。我向昊昊妈妈明确表达了我的立场:作为班主任,我不会放弃任何一名学生,但需要家长与我配合,共同采取合理且恰当的方式,努力帮助昊昊认识到自身的问题,并慢慢做出改变。

🔷 对话策略

一、感化于知:卸下心防,制定规则

我带昊昊前往医务室进行检查,校医表示在当前疫情防控的形势下,需要昊昊的家长亲自来学校将他接回去。我告知昊昊妈妈后,她表示单位加班走不开。我将此事告诉昊昊后,他情绪更加激动了。我把他带到茶室,与他面对面坐好,尝试通过对话来吸引他的注意,安抚他急躁的情绪。

我通过聊天发现,昊昊并不是一个完全不明事理的孩子,他懂得父母工作的艰辛,明白父母出国打工是为了给他更好的生活,也理解父母因未能陪伴他成长而愧疚。昊昊希望长大后能尽力回报父母。了解他的真实想法后,我问他:"那你觉得要怎么做才能实现你的愿望呢?"他答道:"我会好好学习,但我不是学习的料,那些单词对我来说太难了。"于是,我便和他商量玩一个专属于我们两人的游戏,规则是降低学习难度,从认真听讲、按时完成作业做起;在日常行为规范上,则以不扰乱课堂纪律为主。昊昊思考了一会儿,答应了。

于是,我拿出一张白纸,让昊昊自己制定现阶段能完成的任务,即"初级关卡Level 1"。接着,我们约定以后每半个月验收一次每级关卡的完成情况。如果能顺利通关,我就给他一个小奖励,他欣然接受。"你现在肚子还疼吗?"我问。"不疼了。"他笑嘻嘻地回答。

二、内化于心:家校共育,补齐情感

在那之后,我开始暗中观察昊昊每天的变化,并与他的家长沟通,希望能弥补这几年父母不在身边给昊昊带来的情感缺失。我找到昊昊妈妈,如实告知了目前的情况和我的想法,昊昊妈妈表示支持。

在之后的周末里,昊昊妈妈努力营造全家人的共处时光,并通过持续的沟通,增进着彼此之间的关系。同时,她教导昊昊在校要听从老师的安排,遵守学校规则,

认真完成作业,积极参与各项活动,并注意改善自己的急躁性格。她让昊昊明白,学校、家长和老师所做的一切都是为了他的成长着想,因此他应该学会换位思考,遇到事情时多一分理解和倾听,努力成为一名优秀的中职生。

三、外化于行:循序渐进,养成习惯

苏联教育家维果斯基提出一种儿童教育发展观——最近发展区理论,他认为学生的发展存在两种水平,一种是现有的水平,另一种是潜在的发展水平,这两种水平之间的差距,即为最近发展区。维果斯基强调,教育者为学生设定的目标不应超过其最近发展区的范围,而应处于"跳一跳,摘桃子"的适度水平,即学生通过适当努力即可达成目标。

在每半个月与昊昊进行的关卡游戏检测中,我充分运用了最近发展区理论,即每次与昊昊商讨制定出下一关卡的目标,并逐步提升难度,以此充分满足昊昊的自我成就感,使他在不知不觉中养成良好的习惯,形成规则意识。

📊 对话成效

在此次事件中,我与昊昊通过游戏闯关升级的方式,共同制定了符合他个人情况的日常行为规范。通过与昊昊及其家长的关键对话,结合最近发展区理论,我们以潜移默化的方式逐步改变了昊昊的不良习惯和固有态度。在此过程中也促进了昊昊与父母关系的破冰与融洽升级,进而正面影响了昊昊在校的表现。这是一次颇为成功的尝试。

"阳光讲坛"开讲啦

事件描述

周三上午,我像往常一样在上课前到班级看看。同学们大多在专注地预习着下节课的知识,唯独小欣低着头趴在桌子上,丝毫没有觉察到我进教室了。我轻手轻脚地走到他的身旁,迅速拿起了他眼前的手机。他本能地伸手想要夺回,但抬头看见是我后,立刻缩回了手。

我把他叫到教室外面,严厉地说:"你在咱班学习那么好,怎么还偷偷带手机进来?你不知道学校规定不允许把手机带进教室,更不能在课堂上使用吗?"小欣低着头,一言不发地听着我的训斥声。我越说越气愤,眼眶不禁湿润了,为他的这种行为感到痛心。过了一会儿,见我沉默了,他竟然还鼓起勇气向我要回手机。我严肃地说:"你先回教室准备上课,等你想清楚了手机的问题,再来找我谈。"他低着头,默默地回到了教室。

事件分析

小欣回教室后,我对这件事情进行了分析。我知道,小欣这种情况在班级可能并非个例,或许还有其他同学也有类似行为,只是没有让我遇到而已。虽然私自携带手机在中职学校较为普遍,但是小欣作为班里各科老师公认的好学生且身为团员,他的这种行为确实出乎我的意料。如果连他这样的好学生都如此,那么班级的管理将更加困难。若此事处理不当,无疑会对班级产生不良影响。

我记得一位资深班主任曾说过:"所有事情的发生都是促进成长的学习过程,都可以看成一个教育契机。"虽然这件事情让我很生气,但是作为班主任必须从学生的成长和班级建设的大局出发来处理问题,不能仅凭自己的喜好。美国心理学家埃里克森的人格发展八阶段理论指出,青春期(12 ~ 18 岁)的主要冲突是自我同一性与角色混乱的冲突,这一时期对他们影响最大的是同伴群体。我能否利用小欣的同伴影响力,借此事为私自携带手机的同学敲响警钟呢?能否让同学们更深刻地认识到过度使用手机的危害,从而解决班级同学私自携带手机的问题呢?

👥 对话策略

一、转变认识,改变刻板印象

我对自己一开始的大声训斥进行了反思,意识到自己最初在看待学生时存在刻板印象。刻板印象是指在人的头脑中存在的对某人或某一类人的比较固定的印象。我过去总是认为学习好的同学不应该犯错,他们应该在各方面都表现出色,处处起带头作用。然而,事实并非如此。我们应当允许学生犯错,无论他们是学习优异的还是学习困难的,无论是性格外向的还是内向的,都不应按照自己的主观臆断去行事。就像我对待小欣同学一样,仅仅因为他学习好,就认为他不应该私自携带手机,不应该犯错,这种错误的认知方式亟须转变。

二、敞开心扉,拉近心的距离

我认识到了自己的问题后,心平气和地找小欣长谈了一次。通过这次谈话,我了解到他这次私自拿手机主要是因为跟初中同学约好打游戏,以至于没忍住在教室里把手机拿了出来,违反了班规校纪。谈话时,我问他:"同学们都看到你玩手机了,我也看到了,你说怎么办?"他说:"老师,我写好检讨和保证书了,你把手机给我吧。"他从口袋里掏出写好的检讨和保证书。我无奈地笑了笑说:"你为了要回手机,还挺积极,都写好检讨和保证书了呀。"他说:"同学们犯错误时,你不都是让他们写检讨和保证书,然后在班里读一读,承认错误并做出保证。"我说:"这次不用公开检讨。我想让你给同学们做个讲座,谈谈你对这件事的看法及你的成长和收获。"听完我的话,他疑惑地看着我,问道:"讲座?犯错误了还能做讲座吗?"我说:"当然,只要你敢于正视问题并反思成长,没有什么不可以的。我还可以把手机给你,让你查查资料。"他不敢相信地点了点头说:"好的,老师,我肯定会好好准备的。"

离开办公室的时候,我还听见他小声嘀咕:"老师这次怎么这么好呢?"听到他这么说,我内心窃喜:看来我的新方法起作用了。

三、付出行动,感动全班

接到这个任务后,小欣查阅了大量资料,最后找我商量,确定了讲座题目为"正视规则及过度使用手机的危害"。确定题目后,在我的建议下,小欣对准备的材料进行了反复修改。一次班会课上,小欣走上了讲台,他起初有些羞涩,但在得到我肯定的眼神后,逐渐进入了状态,讲得既到位又接地气。讲座结束后,他当着全班同学的面,深深地鞠了一躬,为自己的贪玩和无知向我及全班同学表达了诚挚的歉意。我被这一幕深深打动,趁机大力表扬了他,同时感谢他以身作则,教导大家遵守规则。同学们也对他报以热烈的掌声。

📈 对话成效

这件事情发生后,我在班级推行了讲座活动,并将其命名为"阳光讲坛"。讲座的主题从爱国精神到中学生守则,从专业发展到人生梦想等。小欣因为这次活动改变了许多。在之后的学习和生活中,他没有再犯类似的错误,而是时刻以一名团员的标准要求自己,最终考上了理想的本科院校。

我很庆幸自己在处理这件事情上行为较为妥当,没有像以往一样让小欣在班里公开检讨。这样既保护了他的自尊心,又让他意识到了自己的问题,收获颇丰。同时,"阳光讲坛"活动的开展,不仅丰富了同学们的生活,还开阔了他们的视野,锻炼了他们的能力,使班级在和谐共生的氛围中走上了可持续发展的道路,也让我们的班级变得更加温暖。

身心健康

让阳光洒进心田

事件描述

高一的某一天早自习前，小倩的父亲告诉我，小倩因肚子疼临时请假一节课。然而，刚下第一节课，我就收到了她的信息："老师，快救救我！我害怕！我不敢出门，总觉得一出门就有坏人要害我……"我立刻给她打电话进行安抚，随后联系了她的家长，让他们赶紧回家看看她的情况。在这期间，我不停地通过微信与她互动，直到她的家长回家。聊天中，我得知她有时会莫名感到不舒服，有时会通过自我伤害来宣泄情绪，甚至有一次，她还屏蔽了父母，玩起了失踪……

一段时间以来，小倩经常迟到，不按时完成作业，时不时化妆，还多次以"肚子疼"为由请假。我注意到她在班里总是低头不语，不合群，能和她说上话的同学很少。借着课代表工作的机会，她偶尔会与我聊几句，但也总是找各种理由逃避任务。对于她的这些不良表现，她每次都保证能改正，但总是重蹈覆辙，后来甚至还出现了早恋倾向。我从她父母那里得知，她在家总是绷着脸，不与父母交流，对弟弟也总是爱答不理，家人对她毫无办法。

事件分析

该事件属于学生身心健康事件。我通过了解得知，小倩的父母是普通双职工。在弟弟出生前，全家对小倩万般宠爱，而小倩也聪明懂事，学习成绩优异。事情的转折点出现在她上初中时，弟弟出生了。在父母眼中，"手心手背都是肉"，但由于弟弟年幼，当姐弟间发生小摩擦时，父母自然希望她能多让着弟弟一些。这给小倩带来了很大的心理落差。她从全家宠溺的"公主"变成了被要求做个榜样姐姐，这让她感觉父母眼里全是弟弟。父亲还嫌她无理取闹、不懂事，甚至出手打过她几次。父母对她内心感受的忽视，让她觉得父母的爱缺失了，他们不再像以前一样爱她，这让她开始有了不安全感。

在和初中同学闹矛盾后，由于没有及时得到父母的关心与疏导，她的成绩开始下滑。会考、中考的压力又接踵而至，这使她的不安全感再度加剧，心理逐渐扭曲，性格也变得有些怪异。在学校里,她感到孤独无助,却又找不到合适的宣泄途径,最终错误地选择了自我伤害作为宣泄情绪的方式。青春期后期的孩子仍然需要被看见,因此父母此时更应多些陪伴和关心。

实际上,她的内心仍然保持着积极向上的态度。进入高中阶段后,她渴望重新开始。军训时,她虽然不太爱说话,但是非常认真地听从教官指挥,一丝不苟地完成每一项训练任务。她积极自荐做英语课代表,起初表现出极高的责任心,也格外努力地学习。此外,她还积极加入了学校社团。然而,努力的过程充满艰辛,她渐渐感到力不从心,后来便找了一个"男朋友"寻求依靠。但这段关系结束后,她再次遭受打击,进而陷入了自我放弃的漩涡,回到了之前的状态。如今,她所做的种种,归根结底还是源于安全感的缺失和爱的匮乏,她的内心深切渴望得到关注和温暖。

🧑‍🤝‍🧑 对话策略

根据马斯洛的需求层次理论,需求是一个从低级向高级逐步发展的过程。当我们满足了孩子的生理需求、安全需求、爱与归属的需求及尊重需求后,孩子便会自然而然地追求自我实现的需求,致力于自我超越以实现自我价值的最大化。因此,我们应该尽量满足孩子成长过程中的各种需求,确保他们心理营养的充足,这样他们自然会迈向更高层次的自我实现之路。良好的品格与优异的成绩也将随之而来,水到渠成。

一、追根溯源,了解家庭背景

对于小倩,我认为她的症结在于家庭关爱的错位与缺失。为了更好地解决问题,我分别约谈了小倩和她的父母,以全面了解情况并做好相应的准备。只有了解原生家庭背景,才能准确把握学生问题的根源,理解学生性格与行事风格的形成原因,避免一味批评指责,从而能够"对症下药"。

二、家校联系,形成教育合力

首先,我建议小倩的父母正视孩子存在的问题,带孩子去看心理医生,并根据实际情况进行适当的干预。其次,我向小倩的父母提出了一些具体建议:一是增加与孩子的交流,表达关爱,确保爱的信息传达给孩子;二是学会倾听孩子的心声,多给予鼓励与尊重;三是尝试站在孩子的立场思考问题,产生共鸣;四是多陪伴孩子,共度特殊时光,与孩子一起专注于解决问题。

一个人的教育力量是有限的,只有学生的至亲参与教育,才能构成教育的合力。而一旦教育的合力形成,便势不可挡。

三、走进心灵,进行心灵对话

在学校里,我对小倩嘘寒问暖,这让她向我倾诉了内心深处的痛苦和挣扎。每天放学后,我都会通过微信与她联系,对她关怀备至。每当情绪波动时,她会时不时地向我求助,而我总是积极回应,给予她建议。这样的个性化交谈能明确学生心底的需要,并且每一次都是力争触动心弦的交流。

四、正向激励,激发内在动力

当小倩再次犯错误时,我会及时进行教育帮扶,告诉她正确的做事方法,而不是一味地训斥。当她进步时,我会及时表扬,让她体会到成就感,拥有继续前行的勇气。同时,我也会告诉她的父母,在日常生活中也应遵循这样的原则。

五、群策群力,发挥集体作用

我向几个能和小倩说上话的同学和班干部求助,让他们主动接近小倩,并带动她一起参与各种活动。随着时间的推移,同学们的支持和帮助让她在班级里获得了积极的情感体验。班级这个集体对她产生了强烈的吸引力,促使她愿意继续在这个集体中前行。

📊 对话成效

后来,小倩父亲告诉我,他们听取了我的建议,在各个方面都努力做到更好,多陪伴、多关心她,每天都会和她交流,了解她的近况。而她的状态也有了明显的改善。回家后,她愿意和父母沟通,也会和弟弟一起玩耍,并能够自觉地完成作业和阅读,这让她的父母感到十分欣慰和感激。她虽然偶有情绪波动,但是很快便能自我调整。自此以后,她再也没有出现迟到或不完成作业的情况,身体不适时也会及时告知老师并请假。进入高三后,她的学习成绩稳步提升。高三毕业时,她以班级第四的优异成绩考入了公办本科大学!现在的她,积极向上、阳光开朗,作为她的老师,我深感欣慰!

小倩的转变让我更加深刻地感受到了教育的魅力所在。每个孩子都是一棵小树苗,只有给予足够的关爱与滋养,让阳光洒满心田,他们才能敞开心扉,向着光明的未来自由生长,最终长成参天大树,书写出属于自己的精彩人生。

高考前的"骚动"

📝 事件描述

根据学校安排,职教高考班每天晚上都会安排晚课。周三晚课结束后,我立即收到了副班长小天同学的微信:"老师,心态崩了……"并附带了几个"头炸裂"的表情包。

看到消息时,我以为是他对我今晚刚发的通知有所反应。那份通知是我要求他告知全体男生,为避免身体不适,在进行足球、篮球等剧烈运动时暂时不戴口罩。毕竟,我们班的男生个个都是运动爱好者,常常为了打球连饭都可以不吃。

然而,小天在随后打来的电话中告诉我,事情并非如此。原来,他们刚刚听到了一个关于职教高考可能会推迟的小道消息,这让教室里顿时炸开了锅。由于当晚我不在学校,也无法确认这一消息的真实性,我便安抚大家不要过于慌乱,毕竟还没有收到官方的正式通知。考虑到大家学习了一天已经很疲惫了,我建议他们先收拾好东西,各自回家或回宿舍休息。挂断电话后,我发现许多同学都在转发网传的关于职教高考推迟的消息。

🔍 事件分析

网传因疫情"职教高考推迟"的消息虽然未经证实,但是对学生们的影响远比我想象的要严重得多。临近高考,同学们的压力激增。任何微小的变动都可能会造成学生们的压力达到阈值,从而导致负面情绪。因此,该事件属于班主任工作中的学生身心健康范畴。作为班主任,我从多个角度深入调查并分析同学们产生负面情绪的原因,从根本上帮助大家摆脱负面情绪,缓解压力,以平常心应对接下来的一切挑战。

等学生们都安顿好后,我也与部分同学通了电话,进一步了解了他们的心理状态,并结合大家最近的生活与学习实际情况,明确了同学们焦躁的原因。

首先,按照省教育厅的安排,职教高考将于5月初举行。由于疫情这一不可抗力因素,高三同学在经历了两周的网课后,率先返校并实行封闭式管理。到目前为止,部分住宿的同学已经将近 3 周没有回过家了。尽管他们经常与父母通话,但是对那些比较恋家的孩子来说,这种"看得见摸不着"的思念在此时尤为强烈。

其次,特殊时期,许多户外活动无法全面开展。虽然学校和班级也采取了多种方式来疏导同学们的压力,但是与正常时期相比,压力仍然如影随形,特别是对那些痴迷体育运动的同学影响比较大。

最后,这一消息对部分学习刻苦、对自己有长远规划的同学也产生了较大影响,尤其是班里的几位女生。她们平日里自律自强,对知识复习得相当扎实,满怀信心地期待着一个月后的考试。不仅如此,她们还精心规划了考完试后 4 个月的假期:打工、考驾照,甚至来一次说走就走的毕业旅行……用她们的话说:"本来就要看到胜利的曙光了,结果却突然给我按下了暂停键。"这一突如其来的变故彻底打乱了她们的节奏,让她们感到烦躁不安,对未来充满了迷茫,不清楚该如何继续前行。

高考的压力本就沉重,再加上不可抗力导致的后续变动,可能推迟的消息无疑成了"压倒骆驼的最后一根稻草"。

🔄 对话策略

情绪 ABC 理论认为,引起人们情绪困扰的并不是外界发生的事件,而是人们对这些事件的态度、看法及评价等。因此,要解决同学们的情绪困扰,不应仅仅着眼于改变外界事件,而应帮助学生调整认知,通过纠正他们对这件事的不合理认知,从而改善情绪和行为。

一、借助共情,疏导情绪

晚上,在详细地了解完学生们的情况后,我逐一与每个宿舍的舍长进行了视频通话,稳定大家的情绪,确保每一名学生都能平稳度过那个夜晚。次日清晨,我利用早自习的时间召集全班学生进行了一次面对面的深入沟通。

"大家都睁着熊猫眼,看来昨晚彻夜难眠啊!"话音刚落,教室里便响起了此起彼伏的讨论声,部分学生的情绪依然很激动。我任由大家宣泄,不做评论,只是偶尔点头表示理解。待学生们逐渐安静下来后,我继续说道:"这段时间,大家好久没回家,室外活动受限,学习方面也一直连轴转,确实特别辛苦。你们都很努力,为 5 月份的高考做足了准备,本来一鼓作气就要迎接美好的假期,现在却突然要推迟,确实让人难以接受。如果真要推迟那么久,部分同学的复习节奏就会被打乱,不知道该如何继续下去。"在我说话的过程中,有的同学频频点头表示赞同。

"但大家请注意,这个通知目前尚未得到官方的正式确认。看看其他学校的考生,他们都在安心备考,而我们这里先自乱阵脚。试想,如果高考最终如期举行,那么最终吃亏的会是谁呢?你们要知道,这毕竟是一场选拔性考试。"说到这里,有的同学开始低下头。我继续引导大家进行换位思考,深入剖析了当前其他地市的疫情形势,强调高考对每个考生的重要性和公平性,并鼓励大家做好高考可能延迟的心理准备。我明确指出,面对疫情的不可抗力,我们无法改变这一事实,但高考的标准绝不会因此降低。因此,我们唯一能做的就是调整自己的心态。从另一个角度看,高考的延迟也为大家提供了更多查漏补缺的时间。

最后,我向大家保证,会持续关注每位同学的心理状态,一旦发现问题,会及时疏导并解决。

二、榜样支持,积蓄能量

同龄人的现身说法可能更有说服力。为了继续稳定大家的状态,我事先联系了 2020 届的毕业生,并安排了现场视频连线。他们曾经历过由疫情导致的高考推迟,但大家不浮躁、不放弃,最终全班都顺利完成了学业。同样的经历能让大家更加感同身受,也更容易从中汲取到前行的动力。

三、头脑风暴,优化氛围

身心健康是高效学习生活的保证,而运动是最健康有效的解压方式,但疫情限制了很多活动的开展。为了确保大家的学习和生活状态能够持续健康发展,我们集思广益,针对疫情形势下的特殊环境,设计了一些安全且有趣的小游戏来帮助大家解压,如广受欢迎的"灌篮游戏""投壶比赛"和"太空泥塑形"等。与此同时,我们每周还特地安排了一节自习课时间,用于举办"聊聊吧"沙龙活动。通过面对面的沟通,我对大家的状态有了更加清晰的了解。

四、家校联动,保驾护航

家长是孩子成长道路上坚实的后盾。当天晚上,我们召开了全体家长会,就高考可能推迟的情况及孩子们当前面临的情绪问题与家长们进行了深入沟通,并集体探讨了如何有效地帮助孩子们顺利度过这一关键时期。在家长会上,大家目标一致,很快便达成了共识。家校之间及时且有效的沟通将为孩子们的高考复习之路保驾护航。

📊 对话成效

消极的情绪有时也能产生积极的效果,关键在于我们是否拥有积极的思维和行动。情绪 ABC 理论帮助我深入分析学生们产生这种情绪的原因,进而找到解决问题的办法。

经过早自习的沟通,同学们的情绪逐渐稳定下来。在慢慢接受现实的同时,部分同学已经开始着手制订个人的日历复习计划。毕业学姐分享的相似经历与鼓励话语给同学们带来了更多的心理慰藉和力量,使他们对学姐所描述的大学生活更加充满向往。而最令人惊喜的是趣味活动的开展取得了良好的成效。在趣味活动中,同学们不仅玩得尽兴,还录制了活动视频,将其编辑成系列短片,以此作为共克时艰岁月的珍贵纪念。

友谊的小船翻了

在小西的逃学风波逐渐平息后的一天,已经下班回家的我意外接到了小琴妈妈的电话。电话中,小琴妈妈的情绪异常激动,甚至言辞激烈地质问、咆哮。原来,小琴因为担忧小西的安全向小西的妈妈坦白了小西的行踪,但事后被小西埋怨为"告密者",指责这是对友情的"背叛"。就这样,友谊的小船说翻就翻,两个好友因此决裂。本就性格敏感的小琴总觉得其他舍友也因此事在暗中排斥自己,从而导致人际关系变得紧张。在和妈妈通电话的过程中,小琴情绪极不稳定,说到伤心处,不禁在电话中痛哭流涕。小琴妈妈心疼孩子受委屈,又难过孩子明明出于好心却被孤立和误解,于是打电话给我,宣泄着极度不满的情绪。她质问我为何孩子明明做了好事,却还要遭受这样不公平的对待。她甚至扬言,与其让孩子好心没好报,不如教孩子今后再也不管别人的闲事……

事件分析

"三全育人"是班主任在育人过程中应当秉持并深入实施的理念。在这一理念的指导下,与家长的有效沟通,对实现家长的教育理念更新、加强学生的思想教育至关重要,同时也是实现教育合力最大化的重要途径。

电话中,从小琴妈妈愤怒到口不择言的宣泄中,我感知到一位充满母爱却又深感无助的母亲形象。我深刻地意识到,此时的小琴妈妈正在用愤怒表达她的情绪,而她那些看似不近情理的话语,实际上透露出她内心的求助渴望。如果我不能以同理心与小琴妈妈进行良好沟通,这场情绪宣泄就容易升级为语言暴力,进而伤害到彼此。因此,我首先在电话里保持冷静,尽力安抚小琴妈妈的情绪,在让对方感受到充分的善意和尊重后,再展开关键对话。

在这个案例中,我们可以观察到小琴的思想认知呈现出狭隘与情绪化的特点。小琴本身是一个善良、腼腆、敏感却又特别好强、易自卑的女孩。这种性格特质在她刚入学时就有所体现。入校没多久,她就总是早早来到操场跑步,原因是觉得自己在航空班里体型微胖,希望能通过跑步来减肥和塑形。作为一个心思细腻敏感且要强的女孩,小琴特别渴望融入集体,因此心理上容易受到伤害。小琴家在威海,是班级里唯一家在外市的住宿生。面对全然陌生的环境和人群,她特别渴求他人的接纳和认同,对心理上的归属感、认同感有着更为强烈的需求。一旦意识到自己可能会失去这些,她所承受的心理打击就会非常大。而小琴妈妈由于"儿隔千里母担忧"的心态,容易夸大事件的严重程度,并对孩子的承受能力和解决问题的能力缺乏信心。因此,在电话中,她的情绪过于激动也就可以理解了。

💬 对话策略

基于上述分析,作为班主任,首要任务无疑是积极主动地营造和谐的谈话氛围,避免使用沉默或反唇相讥等"傻瓜式选择"来激化矛盾。运用关键对话技巧时,我们应当努力确保在对方感到安全的环境下实现有效沟通。

一、保持尊重,安抚情绪

我没有急于打断小琴妈妈的讲话,也没有去纠正她的错误,而是选择了认真倾听。通过简单的"哦""是这样啊"等及时予以回应,我让她感受到我正在全神贯注地听她说话,向她传递了我的友善与关爱。由于我的倾听和回应,小琴妈妈的情绪逐渐缓和,进而营造了安全、和谐的沟通氛围。

二、走出情绪,关键对话

从母亲的角度出发,我真诚地表达了对小琴妈妈心疼女儿的认同,并确认了她的感受。我说:"作为母亲,我能深刻体会到你的恐惧和忧虑,特别是孩子小小年纪就独自在外求学……"小琴妈妈感受到了我的真诚与友善,因此她对我接下来谈话内容的接受度和认同感自然而然地增强了。

(一)在此基础上创建共同目标

我说:"无论是您作为妈妈,还是我作为她的班主任,我们都有一个共同的目标,那就是希望孩子未来能够成长得更好。那么,我们今天对孩子的引导和努力,都是为了让她形成更健康的三观……"作为拥有正常三观的成年人,小琴妈妈在最初的愤怒和冲动过后,自然会认同我的想法,毕竟没有哪位父母会真心希望自己的孩子变得自私自利、狭隘偏激。

(二)彼此陈述事实,积极对话

我说道:"小琴妈妈,我理解您希望孩子不受到伤害,但如果您让孩子从此以后对别人的事情不闻不问,这可能就会导致孩子身边再也没有真正的朋友。毕竟,人与人之间的真挚情感是需要相互付出的,您说对吗?""我的建议是抓住这个教育机会,在孩子对真挚友情感到困惑之际及时干预,引导她分清楚对错,并借此机会帮助她树立正确的三观。这样,我们才能实现长远的教育目标,在孩子走向人生岔路的关键时候真正帮到她……"

三、侧面迂回,温暖支持

针对小琴心里过不去的那道坎儿,我采取了侧面迂回的方式。通过与小琴宿舍成员的日常交流和谈话谈心,我有意识地引导她们多体谅小琴身在异地的孤单感受,鼓励她们主动热情地与小琴交往,以此来打消她的不安全感,共同营造温馨的宿舍氛围。

四、对话集体,和谐共生

我利用主题班会等活动,充分发挥了平行教育在集体中的育人功能。我组织了以"我们是一家人"为主题的宿舍联谊活动,以及以"朋友"为主题的情景剧表演,引导学生们感受相聚是来之不易的缘分,这个缘分需要大家共同珍惜和维护。我还通过该情景剧,真实地展现了纵容违规违纪的"朋友"与帮助及时纠正错误的"朋友"之间的对比,引导大家思考如何选择真正的友谊。

对话成效

显然,仅仅寄希望于通过电话与家长进行关键对话来实现完美解决的效果是远远不够的,更为重要的在于班主任通过日常潜移默化的教育举措来施加影响。我充分发挥教育智慧,运用教育合力,化解学生的心理矛盾,帮助其塑造健全人格。我还通过一系列的班会课讨论并形成文字以深化认知,帮助全体学生共同思考,从而树立正确的三观。在我的引导和教育下,小西逐渐认识到自己过去对待小琴时的行为是不妥的。小琴和小西最终冰释前嫌,高中三年相处下来,她们成了真正的闺蜜。

在与小琴妈妈的电话沟通中,她很快意识到了自己的错误并当场改正。此后,她不仅积极配合我的班级工作,还主动与我交流家庭教育理念和做法。在小琴毕业多年后,她依然为我充当外地区招生宣传员和推介者,成为职业学校教育的坚定推广大使。

给学生一个支点

事件描述

一天晚自习课间,班长给我打电话哭诉班级纪律问题。"老师,刚才班里乱了套。小侯不停地和周围同学说话,我怎么劝他都不听。周围同学都安静下来了,他还在那儿说:'别听她的!为什么要听她的?咱别理她,继续聊!'"我跟班长说:"你把小侯叫出来,把你的电话给他,我来跟他说。"电话里,小侯虽然气势上弱了些,但是仍然是一副"我就是不讲理,也不想讲理"的态度。

作为高一新生,小侯很快就让我和班委深刻地体会到了二八定律的含义。我们在班级管理上花费了大量精力来处理与他相关的问题。在生活方面,小侯的名字常常出现在班级的量化扣分表上。要么是因为仪容仪表不符合规定被学校学生处抓住,要么是因为打扫宿舍卫生糊弄而被宿舍管理员告状,要么是因为违规点外卖被纪检部查处。尤其令其他同学不满的是,每当轮到小侯值日时,他总是早早就不见了人影。在学习方面,他上课不专心听讲,课后也经常不按时提交作业,导致各科成绩都不理想。

事件分析

该事件属于品德培养与习惯养成问题。

一、缺乏良好的规则意识和学习态度

表面上看,小侯缺乏良好的规则意识和学习态度。他一次又一次地违反校规校纪,这说明他没有意识到既然身处在某一个环境中,就要自觉地遵守其中的规矩。更过分的是,他有意图挑战并打破这个规矩。具体表现在当班长履行职责提醒他不要讲话的时候,他不仅没有停止,还煽动周围同学跟他一起继续讲话,带头违反规矩,这反映出小侯品德上的问题。此外,小侯在学习上的种种表现也表明他缺乏积极学习的意愿,只是得过且过,虚度光阴。

二、自我定位过低

从深层次的角度分析,小侯存在自我定位过低的问题。面对班长的管理,小侯反问:"为啥要听她的?"他内心的真实想法是:"你是谁?凭什么来管我?"这反映出小侯仅仅意识到自己被班长批评,却未能认识到自己先是破坏了班级秩序,影响了班级的整体学习氛围,因此才受到管理。他将班长基于职责的纪律管理错误地等同于个人对他的约束,无法自觉地站在班级整体的立场去看待这些行为。这体现了小侯社会规则意识薄弱、自我定位过低的特点。

🧑‍🤝‍🧑 对话策略

在当天晚上及后续对小侯的教育过程中,我运用积极心理学上的"SMART"投资理论来推动小侯构建自己的心理优势,从而提升他在班级中的自我定位。"SMART"投资理论包含以下要素。

定位(spotting):学生如果了解自己的优势,就会倾向寻找别人的优点而不是吹毛求疵。

管理(managing):如果学生的优势得到推动,就更能成就自己。

提倡(advocating):发挥学生的优势,构建学生和班集体之间的桥梁。

关联(relating):学生运用自己的优势与老师或其他同学相互联系、相互吸引。

培训(training):教师一旦掌握了这些手段,就要运用它们去培养学生的能力。

一、换位思考,增强规则意识

我先与小侯确认了"他违反了课堂纪律且未听从班长管理"这一事实,并在此基础上表达了对小侯的理解,毕竟"当着全班的面被批评,确实会让人感到面子上挂不住"。随后,我提议让小侯尝试担任班长,以维护自习课的纪律。然而,小侯立即表示自己无法胜任这一职务。

我帮小侯分析了小南能够成为班长的原因:她不仅有帮助班级的意愿,还具备相应的能力。换言之,班长对自己有着较高的心理定位,这使得她能够在集体中担任管理者的角色。此外,她的集体定位也较高。接着,我指出,班级中的每位学生都应遵守纪律,因为这是营造班级良好学习氛围不可或缺的前提条件。因此,具备规则意识同样至关重要。

我反问小侯道:"难道咱就比她差吗?为什么你不能担任班长呢?是不是因为你从未有过这样的想法?倘若你来担任班长,遇到自习课上有人一直说话,你管不管呢?"小侯回答:"当然会管。"

此外,我还缓解了小侯的尴尬。"这件事,老师也有一定责任。开学至今已有一段时间,我却未能帮助你培养出自觉维护班级纪律的意识,也没有引导你确立更高的班级定位,这是我的工作没做好。"听到我的这番话,小侯显得有些意外,因为我没有像他预料的那样严厉地批评他,反而进行了自我反省,将问题的一部分归咎于自己。

在整个对话过程中,我先与小侯核实了事件的具体情况,接着从他的角度出发描述了可能产生的感受,并表达了对他的理解。随后,我引导小侯进行换位思考,帮助他意识到在潜意识中给自己的定位偏低。同时,我也着重引导他树立规则意识,认识到为了提升个人形象,今后应当如何行动。这样的谈话方式不仅维护了小侯的安全感,还达到了预期的教育效果。

二、发挥优势,给予成长支点

小侯身手敏捷,体能较好。我一直在班里试图为他找到一个能展现自我、树立自信的机会。有一天,我终于找到了这样一个机会。教室后面有一个全封闭的整体橱柜,紧贴墙壁,几乎占据了整面墙的空间。卫生室老师偶然间从橱柜侧面的通气孔发现,橱柜与墙面之间的空隙堆满了塑料瓶子,于是要求我们班级立即进行清扫。同学们对此感到惊讶,因为他们从来不知道橱柜后面还有这样的缝隙,更不可能故意往里面扔瓶子。大家猜测,这些瓶子可能是以前使用这个教室的班级为了积攒矿泉水瓶而遗留下来的。然而,橱柜又高又大,根本无法移动。要彻底打扫干净,只能有人爬到橱柜顶部,再跳下去进行清理。

正当大家为此发愁之际,我提议让小侯尝试一下。于是,小侯踩着桌子,轻巧地爬上了橱柜顶部,然后跳进了橱柜与墙面之间的缝隙中,徒手捡起了那些塑料瓶子。经过四五十分钟的努力,他终于将所有的瓶子都拣了出来。之后,他还请同学们递给他一把扫帚,将缝隙内的灰尘也打扫得一干二净。

我趁机提升了小侯在集体中的定位,说道:"这次真是多亏了小侯啊!其他男同学虽然有力气爬上去,但是进不去那个缝隙;女同学虽然能进得去,但是缺乏爬上去的力气。要是咱们班里没有小侯,这个时候还真就没办法了!真的很感谢小侯,你为咱们班帮了大忙!"

从开学至今,我一直在为小侯寻找一个能发挥其潜力的支点。在这次事件中,小侯充分展现了自己的优势,不仅赢得了大家的认可,还在潜意识里提升了自我定位。根据 SMART 原则,当学生的优势得到充分发挥时,他们更有可能实现自我成就。发挥学生的优势,能够搭建起他们与班集体之间的桥梁。学生如果能运用自己的优势,就会与老师及同学之间产生更紧密的联系和吸引力。因此,当我运用这些理论为小侯找到合适的发展支点时,他的能力也必将得到逐步提升。

📊 对话成效

　　小侯渐渐地变得懂事了。随着他给自己的定位提高，他开始懂得了自律，尽管偶尔还是会管不住自己，犯些小错，但犯错的频率已经明显减少了。当被班委批评时，他能够迅速意识到自己影响了班级纪律，并立即停止不当行为，努力使自己静下心来学习。现在，小侯上课听讲变得认真了，也能按时上交作业了，因此老师们都说他有了进步。这一变化使他在班里的口碑也逐渐好转。同学们在了解到他在体育项目上的出色表现后，都视他为体能高手。小侯渐渐地融入了班集体，人也变得更加自信了。

　　作为班主任，我时常会面对不同个性的学生。小侯起初对自己没有要求，自我定位偏低，也没有规矩意识。我发现了他在体能方面的优势，并以此为契机，为他塑造了一个积极向上的形象。实际上，每个学生的内心深处都渴望进步，只是往往缺少一个能够激发他们潜能的支点。对于小侯而言，体能正是他树立自信、实现成长的支点，在他的发展过程中起到了至关重要的作用。

两封检讨书

事件描述

周一的班会上,根据开学初全班一致通过的班级管理条例,凡是被学生管理处通报批评的同学都需要在会上当众宣读自己的检讨书。当天上午,刚刚收到学校通报的小彤同学站在讲台前,手里拿着自己刚写好的认错书,大声地朗读了起来。

检　讨

4月11日下午,我很荣幸地被亲爱的班主任叫到了办公室,也感谢今天某两位同学(班长、团支书)让我有机会站在这里检讨。

周五下午,我高高兴兴地擦完黑板等着检查,谁知卫生老大也随之而来。我盼望着别扣分,谁承想老大一弯腰,手一摸一甩,动作一气呵成,一张通知单被甩了下来!灾难来得如此之快,我心如死灰,这一切来得太突然了。

我决定改过自新,对待打扫卫生这件事将更加认真负责,誓死要把讲桌擦掉一层皮,把黑板擦成白板。

希望同学们原谅我为班级抹了黑。

> 小彤
> 4月14日

这是检讨吗?怎么听起来像一篇讨伐学校卫生标准的檄文?每一个字眼后面都透着不服气。班里的气氛从起初觉得好笑,渐渐转为些许尴尬,最后全班同学憋不住了,哄堂大笑。作为班主任,我也是哭笑不得。这是在认错呢,还是在抬杠呢?

事件分析

整体来说,小彤是一个比较优秀的孩子。她模样俊俏,头脑聪明。班级值周的时候,她很乐意在学生管理处帮忙,并因此获得了具体负责老师的认可与赞赏。同时,这个在学生管理处干活的机会也让她能够在各个办公室走动,递送资料。她对此比较满足。

平日里,小彤对班级工作不是很热心。她仅仅履行基本的、每位同学都需要承担的卫生打扫职责,而不愿意承担班级管理工作,原因是她认为这些工作并不能让她成为其他班级同学关注的焦点。对小彤来说,这是她第一次因大扫除的卫生质量不达标而被学校通报。这一结果让她感到非常不解,甚至愤怒。

总之,该事件的直接原因在于学生对学校卫生质量标准的不认可。小彤虽然迫于班级惯例不得不当众念"检讨书",但是趁此机会明里暗里地表达了自己所感到的"冤屈"。从主观角度来看,这反映出学生对集体生活规章制度的不接受;从客观层面分析,这体现了班级管理工作存在疏漏,以及思想教育工作未能深入学生的内心,没有落到实处。

对话策略

一、陈述事实,确认标准

小彤念完了自己写的"检讨书"后,全班同学都望着小彤,最后哄堂大笑。这对我来说真是一个极好的进行品德教育的机会。于是,我迅速理清了思路,并按照《关键对话》中提到的 4 种倾听技巧,与小彤及全班同学展开了一场对话。

我先询问小彤是否感到特别委屈。小彤申诉说,她确实认真擦过讲桌和黑板,自认为没有问题,但不知为何仍然不达标。我当即表示非常理解她的感受,如果换作是我,在如此努力后却遭到学校的通报批评,还要在全班同学面前做检讨,那么也会感到非常难过和愤怒。接着,在全班同学面前,我详细地叙述了小彤的心路历程:从认认真真打扫卫生到候检时祈祷质量达标,再到突然接到不合格通知单,最后不得不按照班级惯例做检讨。小彤感觉这一切很不公平。在我叙述的过程中,小彤不时地点头,显然感到此时的班主任特别理解她。

我装作随意地说了一句:"跟全校相比,你的打扫质量是不是真的处于较低水平呢?"小彤听后很惊讶,因为她从未从这个角度考虑过这个问题。接着,我又问全班其他同学,是否存在这种可能性。大部分同学表示"不排除这种可能性"或认为"这种可能性较大"。随后,大家进行了具体分析:一种观点认为,学校的打分标准可能存在不公平之处,明明小彤打扫卫生的质量已经达标,却故意刁难她;另一种观点认为,小彤打扫卫生的质量可能确实没有达到标准,但她自己并未意识到这一点。

小彤此时自己也意识到,或许真的是自己的打扫质量不够高,一直处于达标与不达标的边缘,因此这次才会被通报批评。为了弄清楚到底属于哪种情况,经过全班讨论,大家一致决定让小彤跟随学校卫生部去各个班级看一看,观察其他班级的打扫质量,并熟练掌握学校卫生部的达标标准。之后,她再根据自己的所见所学来总结这次被通报批评的具体原因。

二、教师反思,互动交流

我当着全班同学的面向小彤道歉,承认自己在处理这件事情时过于草率,没有耐心地全面分析小彤被通报的原因,只是简单地让她按照班规做检讨。这反映出我在德育工作中的细致程度不足。我跟小彤说,她觉得这样处理不公平,心里委屈,因此写出了那样的"检讨书"。对于此事,我作为老师也有责任,以后一定会多加注意。同时,我向同学们保证,未来会尽量多花时间与大家沟通与交流,努力让每一位同学都感到满意。

小彤听到这里显得有些不好意思。她当即表示,自己思考得不够全面,这次写的检讨很不合适,会立即重写,并保证会真心认错,用心反思。

三、集思广益,达成共识

这次事件表明,让学生一接到通报单子就当众做检讨的方式并不妥当。于是,班里重新进行了讨论,寻找替代方案,并进行了投票表决。最终,全班大部分同学都赞同给予每人3次机会的做法,即第四次接到通报单子时,才需要当众宣读检讨书。

在接下来的几周里,除了小彤之外,班里还选派了几位同学作为代表,跟随学校卫生部检查各班教室,体验整个评价流程,并熟练掌握了各项达标要求的具体细节。这一举措使得教室更加整洁,通报单子的数量也明显减少。

此外,以这次突发事件为契机,全班围绕"学校是我家,细节靠大家"及"如果我是卫生部长"等主题,开展了班会活动。同学们畅所欲言,虽然存在不同观点的碰撞,但是最终大家都能试着从学校整体管理效果的角度出发来看待问题,从而提升了站位高度。

对话成效

当小彤开始尝试从另一个角度审视问题,即从"自己的打扫质量可能处于全校较低水平"这一角度来找原因时,她内心的委屈感逐渐减轻。而作为班主任的我在主动承担起责任后,也意识到了自己行为中的不妥之处,并开始进行深刻反思。于是,在当天晚上,小彤重新撰写了一份检讨书。这次,她提交的是一份真正意义上深刻反省的检讨书。

检 讨

4月11日下午，我因没干好自己的职务而为班级抹了黑，我为此感到非常抱歉。我现在郑重保证，以后好好干活，好好为班级做贡献，不再让班级被通报。我要端正态度，对待事物要认真负责，努力做好每一件事。我认识到态度不好是我个人的问题，脾气急躁也是我个人的问题。过去我常常以为干完活就不用再管了，这是我的失职。我应该好好做，不放过任何一个细节，不再草草了事。我保证，无论面对什么事情，我都会尽自己最大的努力，把工作做到最好。

在此，我也要改变我打扫卫生的态度，积极且认真地对待自己的职责，不再犯类似的错误。

小彤

4月14日

在检讨书的下面，小彤用铅笔写下了如下内容。

道歉信

老师，对不起！今天跟您顶嘴是我不对。我也反省过自己为什么这么冲动，对于今天的事，我再次跟您说声对不起！我不该辜负您的良苦用心。希望您能原谅我，我知道错了。我保证，以后这种情况绝对不会再发生！老师，对不起！

此外，在这封道歉信的末尾，小彤精心绘制了许多美丽的花草图案和笑脸，将整张A4纸设计得如同手抄报般赏心悦目。

第二天的检查阶段，小彤与几位同学代表随同学校卫生部成员一同检查各个教室，他们私下里试着对各班级的桌子、黑板等清洁情况进行打分。经过一番观察，小彤终于意识到并非卫生部干部故意挑剔，而是自己之前的打扫质量确实有待提高。自此以后，在大扫除活动中，小彤以比学校标准更高的要求来擦桌子，从此再也没有因打扫问题被通报。同时，她的集体荣誉感显著增强，积极参与班级的各项活动，这一积极变化也被同学们看在眼里。

与此同时，全班同学变得更加团结，能够从班级整体利益出发，真心实意地服从班干部的指挥与管理。班级凝聚力大幅提升，班级工作也因此越来越顺畅。

倾注师爱，架起沟通的桥梁

📝 **事件描述**

我们中职模具班有一位名叫小王的学生，今年 16 岁，外表给人一种敏感多疑的印象。在开学前一天，小王的爷爷给我打来电话，向我介绍了他的情况。小王刚出生不久，母亲便离开了他，而父亲再婚组建了新家庭。小王的父亲本来并不赞同他继续学业，希望他能外出打工。但小王的爷爷坚持用自己种地的收入资助他上学，希望他能为自己的未来努力一把。然而，小王似乎并未理解爷爷的苦心，反而养成了抽烟喝酒的不良习惯，导致学习成绩不佳。

入学后，小王目无纪律，不仅抽烟喝酒，还欺负同学。在出勤方面，他多次未能按时在周日返校。此外，他与同学关系也颇为紧张，常因钱财问题与其他班级同学产生纠纷。更为严重的是，经过老师的教育后，小王对班级和老师的抵触情绪更大了。作为班主任，我对此感到十分棘手。

🔍 **事件分析**

经调查了解，我认为小王平日在学校的表现与他的家庭环境息息相关。通过与小王的家人进行沟通与交流，我发现小王孤僻消极，常对家人的话置若罔闻。他父母文化程度较低，较少关注孩子的情绪表达，沟通时多采用批评指责的形式，很少肯定孩子。长期采用这样的沟通方式导致家庭沟通陷入恶性循环之中，使小王更不愿意与父母交流。青春期的小王情绪化严重，他每个周末回家都会把自己关在房间里，他的后妈因此多次通过微信向我反映这个问题。此外，他与父母的关系也十分紧张，常常顶撞家人，尤其是父亲。他还有过离家出走的经历。

小王在学校和家庭生活中出现的行为问题，主要是由于缺乏父母的爱与陪伴，加之爷爷对小王的溺爱及约束不足，导致他变得懒散，不爱学习，并出现顶撞父母和老师的现象。小王内心其实极其孤独、空虚。为了弥补精神上的孤独、空虚，他养成了抽烟喝酒等不良习惯，逐渐发展成为所谓的"问题学生"。

对话策略

一、真诚沟通，走进心灵

魏书生曾说过："走入学生的心灵世界中去，就会发现那是一个广阔而又迷人的新天地，许多百思不得其解的教育难题，都会在那里找到答案。"我试图通过平等、真诚的沟通与小王建立良好的师生关系，以获得他的信任。经过多次交谈，他向我透露，母亲的离开和父亲的再婚让他感受不到家的温暖，而父亲平日里总是严厉批评，甚至动手打他。父亲再婚后，后妈对他的态度也充满敌意和不信任，这让他再次感受到家庭的冷漠。他觉得自己在父亲眼里一无是处，因此对父亲产生了对抗心理，甚至对爷爷奶奶的关心也显得漠不关心。只有了解了小王的情况，我们才能对症解决问题。如果与学生之间连起码的沟通都无法建立，那么学生的问题也就无从解决。

二、正面引导，树立自信

教育是心心相印的活动。对于小王的行为，我们不能粗暴地指责训斥，而应耐心引导。一个人成长的过程就是不断犯错并改正的过程，关键是引导孩子及时觉察、总结，并勇于改正错误，只有这样才能不断成长。我与他真诚交流，及时了解他的想法，建立起良好的沟通关系。我还常常和他分享师哥师姐的成功案例，讲述我校毕业生在模具行业中的奋斗历程，特别是那些榜样人物在校园里刻苦学习、认真工作，并最终一举成名的故事。"用沟通滋养心灵，让真爱完善人格"，我让他懂得人的潜能是无限的，只要充满信心，努力奋斗，就能达成目标。我在他心中种下正能量的种子，让它慢慢发芽。

三、家校配合，播种信念

家校配合是改善孩子健康心态的有效方法。在家长、教师和学生的组合中，教师无疑扮演着导演的角色，负责在了解家长和学生之间的问题后，做好双方的沟通工作。通过与家长的经常沟通和紧密配合，我们引导家长在家可以多鼓励一下孩子。同时，我也会及时将小王在学校的表现告知他的爷爷和爸爸，鼓励他们利用见面的机会多给予孩子肯定和表扬，教导他孝亲尊师，并做一些力所能及的家务。这些努力为孩子形成积极心态和增强心理承受能力奠定了坚实的基础。他会学着调整自己，用积极的心态面对世界上的每一件事情，无论未来生活如何，都要让自己在每一刻都充满自信。

四、爱与感恩,持续激励

爱与感恩是一个人成长的动力源泉。我还记得刚开始与小王沟通与交流时,引导他说:"你想对我说声谢谢吗?"到后来,他每次都会主动跟我说一句"谢谢"。我的肯定和鼓励逐渐唤起了他的感恩之心。我也经常与小王的家长联系与沟通,了解小王在家中的表现和变化,及时鼓励他的细微进步。遇到问题时,我们会一起协商解决,这时他会主动提出一些好的解决方法。这些经历在他心中种下了正能量的种子,并生根发芽。

对话成效

经过高一一年的沟通与辅导,小王的变化显著。如今,他能主动与老师打招呼,家长也称赞小王变得懂事了,常在家里帮忙做家务。自本学期开学以来,他一直按时上课,按时写作业并提交作业。他还顺利通过了制图员等级考试。任课教师反映,这学期他开始主动在课堂上提问,不仅不及格科目在减少,还经常受到表扬。我坚信,只要家长积极配合,老师们持之以恒地给予正确引导,小王就会取得更大的进步!

"人非圣贤,孰能无过。"作为班主任,我始终以一颗真诚的心持续关注着小王,倾注师爱,用热情和诚信重新唤起他的自信,让他学会自尊,认识到生命的价值,进而激发他成长的内驱力,促进他的健康成长。

积极教育,打开心门

事件描述

上午第四节课是体育课,刚上课两分钟左右,手机铃声便响了。我拿起来一看,是体育老师打来的。体育老师在电话里显得很着急,让我赶紧去教室看看小溪的情况。

体育老师课前点名时,发现小溪同学不在,也没和他请假,便立刻让体育委员去教室查看。体育委员从 5 楼跑下来,气喘吁吁地说:"小溪在教室桌子上趴着,无论和她说什么,她都不理人,也不回应。"体育老师因为在课堂上走不开,但又担心小溪,所以给我打了电话。

挂断电话后,我立即向教室跑去。在去教室的路上,我的脑海里不断冒出刚开学这几天,各任课教师和我反映的小溪在课堂上的异常情况,她总是以"拒绝回答"的方式应对。

事件分析

刚开学时,我从新生入学信息登记表和电话家访中了解到,小溪来自单亲家庭。小溪的父母在她两岁时离异,她由妈妈独自抚养长大。由于妈妈工作繁忙,小溪大部分时间都是独自在家。

从学生个体的角度看,家庭情况的特殊性导致小溪长期处于相对封闭的社交环境,她的沟通与交流能力较弱,性格内向。因此在公共场合交流时,她会非常紧张,偶尔说话磕磕巴巴。久而久之,她便产生了自卑情绪。这也就是任课老师们反馈小溪最近上课不抬头、拒绝回答课堂提问的原因。事后经过了解得知,小溪之所以缺席体育课,是因为这节课轮到她进行课前技能展示。她以往有过此类展示的消极体验,这导致她的自我效能感大大降低,最后选择了逃避。不过,小溪的内心世界很丰富。她热爱写作,每次作文都能一气呵成,展现出细腻的文风。她还擅长做手工,制作的毛毡动物栩栩如生,憨态可掬。这些或许可以帮助我打开她内心"紧闭的那扇门"。

从原生家庭的角度看,家庭教育的缺失导致孩子在成长的关键时期未能得到父母无条件的爱。工作和生活的压力使母女二人很少能有单独的谈心时间。随着孩子慢慢长大,青春期的孩子和妈妈的交流也越来越少了。作为母亲,她错过了孩子成长的关键期,觉得自己唯一能做的就是满足孩子的生活需求,却忽视了孩子的情绪变化和心理健康发展的重要性。

因此,该事件涉及班主任工作中的心理健康教育、家校沟通及家庭教育指导等方面,需要班主任在多层次分析、多角度沟通的基础上,借助学校、家庭、班级等多方力量帮助小溪感受到来自周围的爱与善意,让她体验到成功的快乐,逐步缓解自卑情绪,更好地融入集体生活。

对话策略

一、心理老师提供专业辅导

待小溪的情绪稍微稳定后,我带她来到了学校的小花园。考虑到她的这种自卑情绪由来已久,我认为有必要借助专业心理老师的力量来更好地帮助她摆脱这种消极情绪。

“教师节那天,你送我的毛毡兔子超可爱,我很喜欢!你是怎么做的呀?”在这样轻松怡人的环境中,我提起她感兴趣的话题,激发她的交流意愿。她虽然话不多,但是显然对手工制作很感兴趣。于是,我利用这一点,慢慢引导她走进学校的心理沙盘模拟室,利用沙盘游戏进行心理指导。在专业心理老师的帮助下,她得以疏导情绪,增强自我觉察,并积极面对眼前的问题。

二、同伴支持,创设良好环境

我通过组织班级学生结对子、成立学习小组的方式来创设良好的学习环境。我要求结对同学多与她沟通,为她讲解题目,解决学习上的困惑。同时,我还鼓励同学们在课间或活动时主动带她融入集体。我通过这种同伴互助的方式来增进她与同学之间的互动与交流,让她感受到集体的温暖,从而增强她的归属感。

三、积极教育,破除自卑心理

在实施积极教育的过程中,我细心关注小溪的兴趣爱好与特长,积极发掘她的优势。我发现她非常喜欢做手工,因此在学校举办“达人秀”微视频大赛时,鼓励她积极报名,并告诉她重在参与,享受过程即可。仅用了一个周末的时间,她就利用陶土等材料创作了一件以“海洋”为主题的创意手工作品,并录制了制作过程,进行了后期剪辑、配乐和字幕添加。这件充满创意的作品让她在比赛中大放异彩,获得了一等奖的好成绩!

此后,在学校举办的技能节比赛中,她凭借自己灵巧的双手,再次摘得了口布折花的桂冠!这次成功的愉悦体验让她的自卑情绪逐渐得到了缓解。同时,她也更加顺利地融入了集体生活。

四、家庭教育指导助力成长

孩子出现的问题大多源自家庭教育的缺失,而小溪的情况尤为显著。因此在处理小溪的问题时,首要任务是让小溪妈妈了解并正视孩子问题的严重性;接着引导家长多关注孩子的情绪变化,并在周末和节假日给予孩子高质量的陪伴和无条件的爱,同时创造机会让孩子接触更广阔的世界。此外,我还推荐小溪妈妈阅读《解码青春期》等图书,以便更好地理解青春期孩子的特点,恰当地给予孩子空间、时间和支持,让孩子能够更加健康地成长。

📊 对话成效

心理老师的专业辅导为小溪的消极情绪打开了突破口。在此后的一个学期里,她每周都会与心理老师预约两次沙盘模拟室活动。心理老师反馈说:"从小溪最近的沙盘作品来看,她的状态明显比以前好很多。"同伴的支持也让她在集体中逐渐找到了存在感和归属感。在同学们的朋友圈中,以及宿舍周末聚餐和一起穿汉服的照片中都留下了她开心的笑脸。不断累积的成功体验提升了她的自我效能感。课堂上,她回答问题的声音愈发响亮,紧张情绪也日渐减少。与此同时,我们之间也建立起了更加默契且深入的交流方式——周记。

小溪的妈妈开始意识到孩子长大了不一定意味着更成熟,在孩子的成长过程中,家长的陪伴、理解、支持至关重要。从那以后,小溪妈妈也经常与我交流孩子的情况,家校及时沟通,助力孩子更好地成长。

学会拒绝也是成长

事件描述

新学期开学不久，宿舍长圆圆在课外活动时找到了我。她红着眼睛，欲言又止。在我的耐心询问下，她终于倾诉了心中的委屈。导火索是她出钱为所在宿舍购买的垃圾袋丢了一捆。我不禁感到好奇：为何丢了一捆垃圾袋会让她如此难过？我通过进一步交流了解到作为宿舍长，圆圆在负责宿舍纪律和布置卫生任务时，总会遇到两三名"较为强势"的同学，她们会以一种讽刺的口吻提出异议，偶尔违反纪律时还会大声争辩或抗议。这些同学常常在公开场合发表一些具有影射性的言论，让圆圆感觉她们是在针对自己，因此情绪低落。这次，圆圆提议宿舍成员共同准备垃圾袋，却听到"看人家隔壁宿舍，都是宿舍长自己就买了，这点事还挨个找，真是搞笑"之类的言论，这让她又开始胡思乱想。尽管心里委屈，她还是自己掏钱买了两捆垃圾袋，结果不到两天就丢了一捆。这让她陷入了委屈、愤怒和自责之中……

事件分析

通过家访，我深入了解了该生的生活背景、父母的教养方式及家庭中的重大事件，并结合她平日的学习和生活表现及人格特征，分析得出该事件背后有着更深层的原因。

首先，在圆圆的成长过程中，家长，尤其是母亲的过度保护与干预导致她缺乏独立健全的人格。她既渴望长大成人，获得周围人的认可，又表现得谨小慎微、敏感自卑。她内心想申请宿舍长一职，却又担心自己无法胜任。她拥有正确的是非观，但同时又有讨好型人格，这使得她在日常生活和宿舍工作中经常陷入焦虑与矛盾之中。

其次，她在认知上存在负性的、不合理的信念，认为自己不可爱且无能。她一旦遇到反对意见，就认为是自己做得不够好。面对同学的指责，即使明知是对方行为不当，她也担心指出后会引发对方不满，从而损害同学关系，导致对方不再支持自己的工作。如果她不去管理卫生纪律,情况就会恶化,这又会让她觉得自己失职。当以温和的方式提醒时,她不仅没有得到正面的回应,还遭到几句"抱怨"或更难听的话,这时她又会认为别人是在针对自己,从而陷入低落的情绪中。

再次,她的社会支持略显薄弱。在宿舍这个小团体中共有 8 个人,根据她们对小矛盾的反应态度可以分为两大阵营。一方是以宿舍长为首的 4 名学习较努力、有正确是非观、自制力较好的同学,但她们性格较为内向,不太愿意主动介入纠纷,只有在实在看不下去时才会出声制止。另一方则是两名善于辩论、嗓门大的同学,一名看似温柔实则拥有话语权的同学及其内向的追随者,这 4 个孩子聪明且外向,但自制力较差,比较贪玩。在这样的矛盾环境中,每当双方展开几轮激烈的争辩后,圆圆都会感到胆怯,甚至开始自我怀疑,进而出现情绪问题。

🗣 对话策略

一、积极关注,释放焦虑

从学生找到老师的那一刻起,老师无论多忙,都要全身心地积极关注学生,让学生在有困难时感受到老师的重视和关心。老师应运用各种方式让学生感受到被重视,挖掘学生的积极资源,找出她困惑中的例外情况。同时,教师还应该整合自身的积极资源为学生赋能,让学生能更积极地看到自己的优点,消除心里的疑虑和困惑,进而认同自己,变得更加积极开放,更愿意继续交流,从而让焦虑抑郁情绪得以释放。

二、善于倾听,实现共情

我们不能因为事情看似日常小事就认为学生是在小题大做,更不能一开始就仅仅采取讲道理的教育方式。相反,我们应该耐心询问,认真倾听,并在倾听时给予语言和行动上的积极反馈。我们需要从学生的角度出发去感受,积极地进行共情,帮助学生从心理封闭和自我保护的状态中逐渐走向开放。在这个过程中,我们要鼓励学生讲述事情经过,不急于评判对错,而是让她自由地表达真实想法和感受。我们要理解她,共情她,真诚对待她,同时尽量降低心理阻抗,以提升交流质量。

三、挖掘优点,找出问题

通过学生对事件的陈述,我们可以帮助学生理清思路,先肯定并表扬她的优点,如"你对这件事的想法和要求是正确的;你为宿舍同学的付出正是你善良、有责任心的表现,老师对此感到欣慰"。然后,我们可以引导她发现问题:"宿舍长就必须自己出钱买垃圾袋吗？不买就不是好宿舍长吗？"通过对一些不合理的信念进行质疑，激发她深入思考。

四、直面问题，学会拒绝

大多数讨好型人格都难以拒绝他人，而不合理信念往往是导致心情低落的常见原因。教会学生情绪 ABC 理论，让她明白产生低落情绪的真正原因，并非只要有反对声音，就意味着自己的工作不够好或自己不够好。能够辨明是非并勇敢表达就已经很优秀了，而在此基础上，还能兼顾周围人的情绪并正确表达自己的想法，更是难能可贵。拒绝不合理的要求是每个人的正当权利，而拒绝别人并不一定会损害彼此的关系。即便总是讨好他人，也会有人不喜欢你。因此，我们要提醒学生学会正确且适当地拒绝。

五、消减无助，促进成长

通过心理情绪的宣泄、合理信念的建立及科学思维方式的形成，学生能够顿悟，从而摆脱不良情绪，最终获得心理成长。在这个过程中，教师应多提出一些开放性的问题，多倾听学生的心声，多给予鼓励，少做评价和建议。这个过程因人而异，时长不一，但都是为了促进学生的成长，帮助学生建立自信心。

对话成效

通过两次对话交流，圆圆同学的情绪有了明显好转，积极情绪取代了持续的低落。她对自己存在的认知问题和心理困惑有了清晰的认识，并制定了计划来不断改善。在宿舍里，她第一次"理直气壮"地表达了自己的真实想法，指出了同学的错误，并拒绝了不合理的要求，这标志着她迈出了成功的第一步。在健康心理成长和人格完善的道路上，她还需要在专业老师的指导下不断学习、磨炼，从而实现长远发展。相信在这样温馨的校园环境中，在师生的关心下，圆圆一定会克服情绪问题，消除心理困惑，不断成长进步！

一个转学生的蜕变

📝 **事件描述**

　　高一下学期,小勋转到了我们班。小勋刚转来的那天,领导向我介绍了他的一些情况:中考考了460多分,考上了某校的"3+2"专业,但只读了一个学期就觉得不适应且离家远,因此想回来上学并参加职教高考;鉴于他中考成绩尚可且有升学意愿,便让他来到了我们班。初见小勋时,他阳光帅气的外表让我认为他应该是个不错的学生。来到班级后,小勋在课上表现得特别积极认真,困倦时还会自觉地站起来;下课时与同学们玩得也不错。他的这些表现更加坚定了我最初的想法——他是个好学生!然而好景不长,一周后,他的行为却让我和班里的同学们大吃一惊。上课时,小勋偷偷玩手机被任课老师发现;在厕所抽烟时,他被学生会成员逮个正着;还有某天晚自习,他竟在厕所待了两节课都没有回教室……

🔍 **事件分析**

　　从小勋第一周的表现看,他完全是准备参加高考的学生该有的样子,但他一周后的表现太让我失望了。出现这个情况后,我第一时间跟小勋的家长沟通。通过跟他妈妈的谈话,我了解到小勋转学的真正原因。由于他在原学校频繁违反校规,老师建议他走读。然而,由于小勋家离学校太远,走读极为不便,他才从"3+2"专业转到了中职段。难道仅仅是因为以前经常违反校规,所以现在又开始违反校规了吗?带着这样的疑问,我从他舍友的口中了解到他来的这段时间努力想跟同学们建立良好的人际关系,但同学们都不太亲近他。再加上转学后,他与女朋友的关系也因此结束,导致他情绪低落,进而表现出反常的行为。了解到这些情况以后,我对小勋的行为进行了细致的分析。

　　首先,他刚来的第一周在各方面都表现得十分积极,可能是为了给老师和同学们留个好印象。然而,这些努力并未得到同学们的认可,这让他心中产生了落差。此外,一个人想要改掉坏习惯是需要时间的,而他由于某些外部因素的刺激,只坚持了一周就放弃了。

其次,相较于同学们的冷落,与女朋友的分手可能给了他更大的打击。他刚踏入一所新学校,对周围环境尚不熟悉,同时又遭遇了失恋,这些导致他内心感到格外孤独。在这种情境下,他可能觉得通过违反校规校纪能引起老师和同学们的"关注"。

最后,作为班主任,我承认自己对他关注不足,了解不够深入。我仅仅因为中考成绩好,就将他归类为好学生,认为他不会有问题,这显示出我的主观臆断。

对话策略

一、正面引导,积极关注

正面引导是通过摆事实、讲道理的方式,告诉学生什么是对的,什么是错的,而非仅仅采用简单的说教或灌输,尤其要避免那种高高在上的训斥。事实要摆得准确、充分、有力,道理要讲得恳切、透彻、明白,旨在触动学生的内心,引发深刻的自我反思,并激发学生改正错误的内在动力。此后,我每周都会与小勋进行一次交谈,深入了解他内心的真实想法,并引导他朝着积极的方向发展。实际上,小勋内心深处极度渴望迅速融入集体,与同学们和睦相处,并得到老师的关注。我对他说:"通过违反纪律来博取他人的注意,是最不明智的选择。就拿我们班的小凯来说,是不是每位同学都很喜欢他?"他点了点头。我接着问:"根据你的观察,你觉得这是为什么呢?"他抬起头,轻声地回答:"因为他学习好,乐于助人,还从不违反纪律。"我趁机引导:"没错,这说明你有一双敏锐的眼睛,那么今后我们是不是也应该……"他迫不及待地接过话:"我要向他学习,虽然在学习上可能比不上他,但是在其他方面会努力向他看齐。"每次谈话,我都会精心选择一个切入点,促使小勋对自己的行为进行反思,并鼓励他努力改正自身的不足。

二、调节情绪,走出阴霾

小勋的行为与他失恋的情况有很大关系。在了解到这一情况后,我首先与他进行了一次谈话,分析了高中生谈恋爱的弊端,并指出高中生的心智尚不成熟。接着,我结合他的实际情况进行了具体分析:失恋影响了你的情绪,进而影响了你的行为表现。你中考成绩本来不错,但经过一个学期的学习,你明显落后了。因此转到这里后,你感到学习很吃力。他听了我的分析后点了点头。看到他有所领悟,我向他介绍了几种调节情绪的方法。

(1)用表情调节情绪。当感到烦恼时,用微笑来调节自己的情绪是一种非常有效的方法。

(2)人际调节。当情绪不好时,可以找朋友或老师聊聊天。

（3）环境调节。美丽的风景会使人心情愉悦,而肮脏的环境会使人心情烦躁。多看看学校美丽的景色能让人心情变好。

（4）认知调节。人之所以有情绪,是因为我们对事情做出了不同的解释,因此会产生不同的情绪反应。失恋会让大多数人感到伤心,我们可以换个角度来看失恋这件事。例如,失恋可以让我们成长,让我们未来遇到更好的伴侣。

三、家校共育,走向成才

当学生遇到问题时,我们要及时与家长联系与沟通,以便更好地帮助学生。通过与小勋妈妈的交谈,我了解了行为背后的原因,从而能够有针对性地采取措施。借此机会,我在班级里召开了"走出青春沼泽地——探讨学生早恋问题"和"同学情,天长地久"等主题班会,让小勋同学感受到了班级的温暖、同学的友爱和老师的关怀。

📊 对话成效

通过长时间的沟通和交流,小勋同学逐渐走出了失恋的阴霾,没有再违反校规校纪,并且在班里交到了不少朋友。而任课老师也经常在我面前夸赞他。高三升学时,他成功考入了自己理想的大学。

学会尊重

事件描述

星期一的上午,班长跑到办公室,焦急地喊:"老师快来！他俩打起来啦！小丽疯了似的,又哭又喊,抓着小强的衣服不放！"我急忙赶往教室。

还没到教室门口,我就远远地听到小丽在歇斯底里地哭喊:"我跟你拼了！"我进门一看,只见小丽和小强正扭打在一起。小强作为男生,并没有怎么还手,而小丽作为女生,却不依不饶,疯狂地向小强发泄着心中的怒火。

看到这一幕,我大声喝止:"别打了！小丽,告诉我到底是怎么回事。我看你很生气,但立刻停下,也让小强说说他的看法。"听到这话,小丽虽然哭得更委屈了,但是也慢慢停了手。原来,小强刚才一边用身体冲撞小丽,一边故意嘲笑她说:"胖子,女胖子！"小丽一直很在意自己的体型,这次终于忍不住,愤怒如同火山般爆发了。

事件分析

体型偏胖一直是小丽的心病。这件事情之后,她主动拿出以前的照片给我看,照片中的她身材非常苗条,人也长得很清丽。由于初中时拼尽全力学习,很少锻炼,小丽的身体严重受损。虽然中考考上了我校的"3+4"本科班,但她的体质已经很差,经常需要吃药。在药物的作用下,她的身材也逐渐走形。为了改变这一状况,她又盲目服用减肥药,结果陷入了恶性循环,最终变成了现在的体型。班里合唱比赛时,女生们都能穿上借来的均码裙子,唯独小丽穿不下。最后,班里一位热心的同学妈妈主动出手相助,将两条裙子拆开并缝合成一条宽大的裙子,让小丽得以穿上合身的衣服参加了合唱比赛。

相比之下,小强的体型一直是他的骄傲。他家境优渥,父母的眼光也比较长远,非常重视孩子的形体训练。每个周末,小强都会专门到自己家附近的健身房去锻炼,还有专门的私人教练指导。因此,小强的体型可以说是"脱衣有肉、穿衣显瘦"。于是,小强有些瞧不起小丽的体型,经常故意在话里话外调侃小丽。更有甚者,在与小丽迎面走近时,他还会用胳膊肘冲撞人家。此外,由于小强的影响力比较大,在班里有一定的号召力,几个淘气的男生也不知不觉地受到了他的影响。在一定程度上,小强对小丽的态度导致几个男生都对小丽不友好。

总之,该事件的直接原因是男生对女生的欺凌引发了女生的情绪爆发,根本原因是学生的身心健康存在问题。女生身体健康欠佳,心理上也非常脆弱敏感,需要班主任从身心两方面加以关怀与帮助。男生虽然身体健康,但是内心不够成熟,不懂得尊重他人,需要班主任从思想上加以引导,提高他们的认知。

🧑‍🤝‍🧑 对话策略

一、针对小丽,了解动机,助其走出负面情绪

在此次打架事件的后续处理中,我采用了《关键对话》里面的"询问观点—确认感受—重新描述—主动引导"的倾听方式,让小丽在向我倾诉时感到安全,感到老师愿意深入了解她内心的情感波动,进而挖掘出打架行为的深层次动机。

我先对小丽感慨道:"你真勇敢,竟然敢跟小强动手。他是个男生,又在健身,可不是好惹的。"然后,我向小丽表示很理解她,她一定是因为极度愤怒才这样不顾一切地跟小强动手。当小丽哭着向我倾诉她的愤怒和伤心时,我重述了她的感受,表示自己不仅非常理解她,还鼓励她从头到尾讲述事情的经过,以及自己的心路历程。最后,我引导她发散思维,想一想今天除了动手打架是否还有其他更好的处理方式。

在跟小丽沟通的过程中,我始终遵循"赞同、补充、比较"3个原则:赞同她的感受,补充她的理由,比较我们对这件事情的处理方法。最后,小丽的愤怒情绪慢慢缓和下来,也不再哭泣了。

此外,我向小丽保证会严厉批评小强的行为,并让他当着全班同学的面向她道歉,保证不再欺负她。我跟小丽约定,今后她负责努力锻炼身体,我则负责督促提醒,以期尽早解决她的健康问题。听到这句话后,小丽的眼中有了光亮,整个人明显振作了起来。

二、针对小强,采用综合陈述法,鼓励做出改变

为了不让小强从心里抵触我的教育,误以为我要严厉批评他并强迫他接受我的观点,我采用了《关键对话》中的综合陈述法。综合陈述法的步骤是"分享事实经过—说出你的想法—征询对方观点—做出试探表述—鼓励做出尝试"。

当小强和我单独在教室外面时,我用冷静和客观的语言描述了所看到的场面,然后询问他这些是否属实。小强点头承认了。接着,我基于这些事实得出结论:"你

肯定做了让小丽非常生气的事情,否则一个女生不会如此失控,与你这样强壮的男生发生扭打。"对于我的结论,小强没有否认。随后,我继续以平和的语气鼓励小强说出与小丽打架时的感受和想法,以及自己的行为为何会激怒小丽。我还引导小强进行换位思考:假设自己是小丽那样的体型,是否能够忍受别人这样明里暗里的欺负?

此外,我还把小丽为身体健康而付出的努力告诉了小强,让他明白并非只有他重视形体并付出了时间和精力,其实别人,如小丽,甚至付出了更多的努力和代价,只是每个人的情况不同而已。

沟通到这里,小强终于意识到"小丽身体偏胖是因为她懒"这一看法仅是他个人的臆断,并非事实本身。更重要的是,无论体型是天生的还是受后天因素影响,都不应成为被歧视的理由。最后,我问小强:"你很注重身体健康,但有没有关注过自己内心的健康呢?"小强认错并表示,今后不会再犯类似的错误。

三、针对班级,多管齐下,把关键对话转变成行动和结果

在当天下午的班会上,我把小丽和小强叫到讲台前,询问他俩是否愿意当众和解。小丽表示,如果小强道歉并保证以后不再欺负她,她就可以原谅他。我又问小强,是否能接受让小丽推他一把,作为对他之前冲撞小丽的补偿。小强表示没问题。结果,小丽用尽全力,差点儿把小强撞倒,由此可见她内心积压的愤怒。然而,推完小强后,小丽的心情明显轻松了许多。同时,小丽这一猛推也让小强幡然醒悟。小强未曾料到小丽会如此愤怒,他一直以为自己只是开了个玩笑而已。

班会结束前,几个平时爱起哄的男生也主动向小丽认了错。大家还约定,尽自己所能陪小丽锻炼,如每天陪她去操场跑步。其中,小强更表示要利用自己的健身知识,带领小丽一起做专业的健身动作。至此,打架事件得到了圆满解决。

此外,小丽的自尊问题虽然源自身体健康状况,但是也暴露了她对自我价值的评价过于依赖外在条件和同伴的看法。因此,帮助小丽乃至全班同学学会科学、客观地审视与评价自我,变得尤为重要。为此,在第二周的班会上,我确定了"身心健康"的主题。班会采用视频、图片等多种形式,从生理学、社会学的角度,向同学们介绍了青少年阶段的生理特点、心理特征及其背后的原因。班会结束后,同学们能够更加理性地对待身材和欺凌问题,自我认知能力也有了显著提升。

对话成效

经过这件事情,小丽深刻意识到,除了需要积极配合大夫的专业治疗,她还必须立即开始并坚持体育锻炼。随后的几周里,我协助小丽联系到了一位中医院的

名医。得益于小丽坚持不懈的锻炼和中医大夫的精心调理,她的体质逐渐得到了改善。随着身体状况的好转,她的内心也变得不再那么敏感和脆弱。小强也收敛了许多,不再对小丽进行语言戏弄和行动挑衅,因为他意识到自己虽然在身体上比小丽有优势,但是内心并没有比小丽强大多少。

班里那些跟风的男生也不再起哄了。他们目睹了小丽和小强的转变,意识到自己之前的行为确实肤浅。最重要的是,他们懂得了"尊重别人就是尊重自己"的道理。

后来,全班同学都顺利考上了理想的大学。小丽和小强依然在同一个班级,两人一直相处融洽。有一天,班里的同学发给我一张美女照片,让我猜猜是谁。我一开始都没认出是小丽! 原来她进入大学后锻炼得更加勤奋,竟然从 150 多斤成功减重到了 110 斤。

青少年阶段,学生的心智尚未成熟。双方力量的不平衡容易引发欺凌事件,而身处其中的学生往往并未意识到自己行为中的这种倾向。因此,作为班主任,我要及时察觉欺凌的苗头并科学地加以制止。这也体现了学习《关键对话》等专业理论知识的必要性。

自习课上的怒吼

📝 事件描述

    晓欣中考成绩不错，高一刚入学就展现出了出色的学习能力。她总是提前预习课程内容，上课积极回答老师的问题，并按时上交作业。此外，晓欣还是一位多才多艺的女生。她踊跃参加班里的黑板报、手抄报等活动，也因此赢得了不少荣誉。然而，就是这样一位在班主任和任课老师眼中几乎不让人担忧的尖子生，却在一天下午的自习课上让所有人都大跌眼镜：一声尖锐的怒吼响彻整个班级乃至整栋教学楼。当我赶到教室时，教室里异常安静，所有同学都面面相觑，而晓欣则低着头，她的作业本乱七八糟地散落在桌面上。

    从她的反应中，我隐约察觉到这声怒吼背后情况的复杂性，需要进行多方面的沟通。于是，我先安抚好班级同学，随后与晓欣展开对话，希望能帮助她摆脱情绪失控的状态，并探寻这种失控背后的原因。

🔍 事件分析

    该生的行为是受到心理波动的影响，导致情绪出现了失控。此事件属于由身心健康问题引发的突发事件。作为班主任，首要任务是稳定该生的情绪，并探究情绪失控的根本原因。

    虽然这次事件属于突发事件，但是在仔细梳理晓欣此前的种种表现后，我发现并非毫无征兆。自入学以来，虽然晓欣的学习成绩优异，但是她的内心深处一直存在自卑感，这种自卑主要体现在外貌自卑及与异性交往方面。由于过敏，她脸上的青春痘比班上其他同学多，而胳膊上也常常因抓挠而留下红印，这使得她对拍照，尤其是拍集体照，极为抵触。除了与班上的两名女生有所交流外，她很少与其他同学来往，甚至在班级里从不与男生交谈。遇到课代表是男生时，她甚至要依赖其他同学转交作业。此外，晓欣对声音较为敏感。在班级午休时，她会因噪声而难以入睡，晚上回到宿舍也要等其他同学睡下后才戴着耳机入睡。

    这样一个自卑敏感而又固执倔强的女孩子，对外界刺激的容忍度明显比常人低,因此她对很多生活中的小事更容易感到无法接受。依据情绪 ABC 理论,自习课上三四位同学比平时更大的说话声,成为这声怒吼的直接触发因素。这样一件在多数同学眼中微不足道的小事,在晓欣看来却是无法忍受的大事,这背后必然隐藏着她对这一情境的不恰当认知和错误信念。

经过与晓欣的深入沟通,我了解到这次事件背后存在一个更为关键的深层次原因——她初中时的经历。在初二时,晓欣担任班级副班长,主要负责维护班级纪律。每当有同学违反纪律,她都会提醒他们保持安静,并记下名字向老师报告。然而,晓欣因执行纪律而得罪了班上的个别同学,最终选择辞去了这一职务。这次事件导致她的成绩有所下滑,中考成绩也不尽如人意。进入高中后,她来到一个全新的环境,遇到新的老师和同学,但自习课上那三四位声音比平时大的同学让她重新体验到初中时被排挤的情绪状态。了解到找到这一根源,晓欣的行为表现也就变得容易理解了。

🌐 对话策略

一、转换环境,平复情绪

作为班主任,在面对突发事件时,我需要先营造安全舒适的沟通氛围,而不是在班里对晓欣进行训斥或告诫。由于晓欣平时都会在学校学习咖啡制作,因此安抚好班里的其他同学后,我带晓欣来到了她熟悉且安静的咖啡教室。我通过改变环境让她感到自己是安全的,减轻她的情绪负担,帮助她尽快平复情绪,从而进行对话。

二、表达理解,引导觉察

面对晓欣的沉默,我没有急于追问这件事,而是先让她自己点一杯咖啡,等待她情绪缓和。喝完咖啡后,晓欣低着头向我道歉。我使用"愿不愿意""能不能"等选择性的词语来表示对她的尊重,并鼓励晓欣讲述下午的事情。我运用重复性的沟通语言让晓欣感受到我对她的理解与重视,如"来到新学校,你还是会担心大家在背后排挤你,这让尔感到很难过,对不对?"这样的重复叙述能让晓欣感受到我平和的态度,并引导她说出自己的情绪,帮助她进一步平复心情,共同探寻原因。

三、多方沟通,明确症结

与晓欣沟通后,我联系了学校的心理老师,并推荐晓欣参加心理社团的活动。心理老师通过一系列简单的游戏和活动来观察她的情绪与心理状态。经过一周的观察,我征询了心理老师的意见,得知晓欣的情况可以通过心理疏导得到改善,于是引导她学会与自己的消极情绪共处。

初步判断晓欣只是暂时性的情绪失控后,我又与晓欣的妈妈进行了沟通。晓欣妈妈并不知晓这件事,孩子在家也从未提起。据了解,晓欣的家庭情况较为复杂,属于离婚重组家庭。晓欣跟着爸爸生活,而爸爸后来又再婚了。我联系到的这位妈妈并非晓欣的亲生母亲,而她还有一个年幼的儿子,因此在很多事情上难以顾及晓欣的感受,两人平时的交流也较少。我向晓欣妈妈说明情况后,她深感愧疚,认为自己未能给予晓欣足够的关心与爱护,这才导致晓欣表现出种种既自卑又敏感的情绪。

根据萨提亚的沟通策略,我指导晓欣妈妈尝试按照陈述事实—接受自我—觉察自我—一致性沟通的步骤来进行沟通。虽然一两次沟通无法彻底改善这种情况,但是可以从这件事着手,帮助晓欣母女俩认识到家庭沟通中存在的问题,并在一点一滴的积累中慢慢改变。

四、提供平台,重拾自信

晓欣在家庭中缺失的这份关注与关爱绝非一两天就能够弥补的,因此在班级中和同学间,我们可以通过组织活动来帮助晓欣重新找回自信,让她感受到自己的重要性、独特性,以及在班级中不可或缺的地位。我充分挖掘晓欣身上的优点,让她担任班级宣传小组的组长,负责班级的板报设计、微信稿的撰写与发布。我将板报和手抄报的图片分享到班级的微信群和博客中,并鼓励同学们积极转发,以此激发晓欣的参与热情,促使她更多地与同学进行互动和交流。

📊 对话成效

经过改变环境和采取理解的沟通策略,晓欣的情绪逐渐平稳,并能较为冷静地与我分享她的感受。通过后续参与心理社团活动和班级宣传活动,晓欣逐渐展现出一些变化。例如,她开始主动找课代表交作业,而不是让同学代交;遇到不会的数学题也会主动向同学求助。到了高二,晓欣脸上的青春痘慢慢消退,原先因外貌而产生的自卑感也减轻了许多,她的朋友圈里时常出现与同学外出游玩的照片。在班级后来的大合照中,晓欣虽然站在角落,但是脸上洋溢着微笑。

1+1+1>3

开学第五天的课间操时间,我正在开会,突然接到体育老师的电话,说我们班有两位同学在操场上发生了推搡。我急忙赶到现场,发现是体育委员和小刘同学。小刘同学不想跑步,想"走圈",而体育委员担心扣分,坚决反对,于是两人争执起来,进而发生推搡。

这个班级是我中途接手的,班里有 10 名特别热爱足球的同学,也有 7 名比较胖的同学,其中小刘同学的身高不足 175 厘米,体重却达到了 220 多斤。

每天上午的课间操,同学们都需要在 300 米的跑道上跑 3 圈,身体不适的同学可以在足球场"走圈"。小刘同学不仅是"走圈"队伍里的"钉子户",还是学校附近小卖店的常客,同时也是课堂上"最安静的休眠者"。小刘同学的身心健康和学习状况都亟待提升,特别是他的身体健康和运动能力迫切需要改善。

事件分析

小刘同学在校的生活状态并非一朝一夕形成的,而是源于他长期养成的不良生活习惯。因此,我从学生个人、家校合作、班级文化建设这 3 个维度着手,秉持"三全育人"的教育理念,积极沟通、深入分析,力求探寻促进小刘转变的有效方法。

通过与小刘同学原班主任的沟通,我了解到自入学以来,小刘同学便持续呈现出这样的状态:早晨经常迟到,课堂上常打瞌睡,课间操时选择"走圈",体育课上则成为旁观者,班级活动参与度低,还与大多数同学交往甚少。这种状态已持续多年,在之前的学校,由于老师大多采取了放任的态度,最终导致他转学至我们学校。

我和班级同学交谈后进一步得知,小刘同学晚上经常玩游戏至深夜,饮食和作息毫无规律,偏爱零食,并且很少参与运动和班级集体活动。

小刘同学表示,自己因体重问题无法参与体育运动。他提到,从小家人就溺爱他,总是给他零食吃,导致他的体重不断上升。小学三年级之前,他的学习成绩一直很好,但进入初中后,由于体重和学习态度等问题,老师对他的期望逐渐降低,并最终对他采取了放任自流的态度。他的家长则提到,老人非常宠爱他,从小就怕他累着、饿着,这才导致了他现在的身体和学习状况。

小刘同学目前的问题主要是由家庭教育缺失、个人自制能力不足及家校共育工作缺乏协同造成的,是"1+1+1"的效果远远小于3的结果。因此,改善小刘同学的状况需要家庭、学校和学生本人共同努力。

🎭 对话策略

与学生、家长沟通时,采用正确且有效的沟通方式可以取得事半功倍的成效。在与小刘、家长及班级同学的沟通过程中,马歇尔·卢森堡博士的非暴力沟通理念给予我极大的帮助,让我们的沟通变得更顺畅,并在几次交流后便达到预期效果。

一、面对学生,耐心沟通

沟通是我们工作的基础。我对小刘同学说:"你这周连续5天没有上课间操,这让我感到非常失望和遗憾(感受:清晰地表达感受)。"他回应道:"我不喜欢跑步,由于身体原因也无法参与运动。其实,我也想参加,但太胖了,又没有毅力坚持运动。我家长也不爱运动,没人督促我,我就更没有动力了。我又因为特别爱吃零食,饮食没规律,晚上还常玩游戏到深夜,所以上课时只能睡觉。"我接着问:"那你需要老师做些什么来帮助你(需要:是感受的来源),才能让你每天参加课间操呢(请求:提出具体的请求)?"他回答说,希望我能督促、监督,甚至鞭策他。最后,我们商定由我、他的家长、他自己及全班同学共同努力,当然最关键的还是靠他自己努力。

坚持的道路既曲折又漫长。起初,每次他跑步结束后,我都会去拍拍他的肩膀,并在他取得一定进步时给予表扬和肯定。每当他想放弃时,我都会与他面对面沟通,帮助他明确自己内心的真实感受和需求,为他点亮希望的明灯。

二、面对家庭,达成共识

召开完班级的家长会后,我单独邀请小刘同学的家长坐下来聊一聊。在谈话中,我们的话题自然而然地转到了小刘的身体状况上。作为家长和教育工作者,我理解小刘家长的感受。我如实向他们反映了小刘在校内的情况,并表达了我对他未来的担忧。同时,我也提出了我想积极督促他坚持锻炼、减少零食摄入的想法。家长也坦诚地谈到了小刘从小受到溺爱,因为怕他累着就不愿意让他运动,结果导致他现在身体出现了问题。如今,他们想管也管不了了。家长还表示,他们工作一天很累,有时候也懒得管了。在交流中,家长表达了与我相同的诉求,因此我也建议家长晚上能和孩子一起散步、慢跑，并及时向我反馈情况。此后，每次与小刘及其家长交流时，我都对他们坚持运动的行为给予鼓励和支持。

三、面对班级，指引行动

针对班级同学的运动和身体发展状况，我们组织了一次班会。同学们自行搜集素材，纷纷表达了自己的亲身感受、反思及诉求。会上，我们集体决定立即采取行动，并规定在早自习和下午放学后各跑 5 圈，这样每天总计 10 圈，约 3 000 米。同学们相互督促、相互鼓励，而我则时不时将学生们的运动情况分享到家长群，对学生的努力及家长的支持表示由衷的肯定和赞扬。

四、面对自我，反思实践

面对学生，作为一名班主任，我应该勤于观察、思考、沟通与交流。我始终把立德树人放在首位，关注同学们的身心健康。我会积极行动起来，总结工作中的得失，引导同学们积极认真地锻炼身体，实现身心两健、德技并修。

📊 对话成效

两个月后，在全校的体质检测中，小刘同学成功完成了 1 000 米的跑步。而经过一年的努力，他的体重竟然从 220 多斤减到了 160 多斤。现在的他每天都能坚持跑步，几乎不再吃零食，作息也变得十分规律。他感慨地说："我现在整个人焕然一新，变得更加阳光、自信、有毅力了，和同学们的交流也变得非常顺畅，这是我以前从来不敢奢望的。"小刘的家长也表示，每天陪孩子一起运动，不仅让亲子关系变得更加融洽，还让自己的身体状况得到了改善。

学生的成长依赖于家庭、学校、学生的共同努力，只有这样，"1+1+1 ＞ 3"的效果才能实现，学生的健康成长才可期。

"冰山"下埋藏的温暖

事件描述

一天晚上,我收到小欣同学发来的一条微信:"老师,我以后不打算写作业了,也不想好好学习了,更不想待在家里。"考虑到当前正是疫情防控的严峻时期,全国学生都在进行线上"停课不停学",我不禁担心他是否有了离家出走的念头。

想到这,我立刻拨通了孩子父亲的电话。从他的语气中,我能感受到对方的愤怒:"高老师,你快劝劝他吧。今天本来挺高兴的,吃完晚饭后,他妈妈觉得孩子平时上网课宅在家里挺枯燥的,就提议打扑克娱乐一下。结果打着打着,他突然指着妈妈大发脾气。我一生气,就打了他一巴掌。"孩子为何发那么大脾气呢?原来在打扑克时,出于好胜心,孩子偷偷藏了一张牌,却被妈妈发现了。妈妈因此不想要那张被孩子放回去的牌,结果孩子立刻翻了脸,指责妈妈嫌弃他……

事件分析

从案例中,我们看到了孩子较强的个性心理与父亲简单粗暴的教育方式之间的矛盾,也看到了原生家庭的不良沟通模式及其在孩子身上的烙印。

小欣外在行为背后的真正原因难道仅仅是藏了一张扑克牌被发现吗?我们并不清楚他内心的真实想法,因为外在行为与内在体验往往并不完全一致。那些深藏于"冰山"之下的情绪与感受,是我们深入理解其深层意识的钥匙。萨提亚的"冰山理论"可以帮助我们洞察行为与情绪里隐藏的观点、期待与渴望,从而让我们能够选择恰当的应对方式来解决困境。

对话策略

一、巧用心理效应,化解负面情绪

要想将情绪作为解决问题的突破口,我们就应该先运用"自己人效应"与"情绪效应"进行安抚,这是上策。

为防止小欣因情绪不稳定而做出过激行为,我迅速回复微信:"帅哥,一班真的离不开你,而我也非常舍不得你!"他回复道:"哎,真的好心烦!"我接着安慰他:"如果你真离家出走,老师今晚就会赶到你们家去……"

二、运用柔性教育,追根溯源

看他对我不是那么抵触了,我试探着问:"我知道久不出门让你憋闷,但那些受新型冠状病毒感染的人岂不更痛苦?你告诉老师,你为什么要离家出走?""我和爸妈闹别扭了。前几天刚吵了一次,今天又吵,我真的不想待在家里了。我也想我爷爷了。我感觉现在没人疼我了,真的够了……"我似乎明白了问题所在,原来他觉得父母不够疼爱他,而他深爱的爷爷已经去世了。但他的父母真的像孩子说的那样不够疼爱他吗?这需要我们通过深入开展家校沟通来探究。

三、家校沟通,协同育人

经过沟通,孩子的父母深感惊讶,他们一致认为自己对孩子疼爱有加,是孩子误会了他们。通过进一步了解,我发现小欣父亲的教育方式较为简单粗暴,这也在孩子心中留下了深刻的烙印。于是,我采用了家访、家长学校、微信电话等多种沟通方式,帮助他们建立有效的亲子沟通途径,并向他们传授了亲子沟通四步法:家长耐心地倾听孩子心声 ➞ 家长客观地描述所见所闻 ➞ 孩子正确地表达自我感受 ➞ 孩子合理地提出具体要求。我还及时将孩子在学校的进步表现告知家长,而家长也会不时地与我分享按照沟通四步法进行亲子相处所取得的成效,言语中满是欣慰。

面对个性强、争强好胜的孩子,父母不妨学会"示弱"。这种示弱并非宠溺孩子,而是巧妙地运用"控制感效应",适当地赋予孩子一定的"掌控感",让孩子找到存在感,体会到来自父母的爱与关怀,并同时认识到自己的家庭责任与地位。

例如,对于本案中的玩扑克这件事,换种表达方式可能更好。倘若妈妈当时对孩子说:"儿子,你现在长大了,比妈妈还厉害呢,妈妈都玩不过你了,你得帮帮我呀。"这样就满足了孩子适当的"掌控欲"。我相信孩子就没有必要"私藏"那张牌,甚至还会主动帮妈妈出主意。

四、读懂学生,表达关爱

教育的出发点建立在对个体生命的理解与尊重之上。面对学生在暴躁易怒情绪下展现出的过激行为,当我们揭开这些行为背后隐藏的秘密时,会洞察到他们的本真。在这种理解与尊重的基础上,老师与学生的沟通才能触及学生内心最柔软的部分,而教育也才能收到"四两拨千斤"的效果。

一旦找出问题存在的根源,挖掘出小欣的积极资源,洞察其内心真实的期待与渴望,我们就能触动他心灵最柔软的地方——最本真的自我。

我们就这样通过微信来来回回交流了40多条信息。征得他的同意后,我拨通了他的电话,整整聊了112分钟。这个表面冰冷且带刺的男孩,突然间似乎被阳光暖化了,卸下了满身的盔甲,展现出敏感而多情的一面。他从初中时的叛逆聊到高中时的进步,从上学经历聊到第一次打工给爷爷买牛奶,而爷爷一直留着舍不得喝,逢人就夸赞是大孙子给他买的……他由爷爷抚养长大,因此最牵挂的人便是爷爷。步入高中后,每次放假回家,他总是第一时间去见爷爷。然而,奶奶早已去世,爷爷也不幸在年前离世。对他来说,他心灵停靠的最温暖的港湾似乎崩塌了,因为他一直觉得自己和爷爷奶奶才是一家三口,而爸爸妈妈和姐姐是另外一家三口。如今,他们一家三口其乐融融,而自己孤孤单单的。正因如此,他总说自己没人疼,觉得父母嫌弃他,对父母的语言和行为相当敏感且多虑,甚至产生误解,这就是他之前一系列不良行为的根源。

📊 对话成效

从揭开"冰山"的秘密起,小欣不仅没有再离家出走,还一直帮着父母种果树。他即使手上磨出了血泡,也依然坚持晚上回家补网课并提交作业。英语老师在班级群里鼓励他:"班长,生活不易,且行且珍惜!"我趁机表扬道:"你没有因为自己的情绪影响到日常学习与生活,这就是优秀。优秀的人总能在任何时刻展现出自己的价值,向你致敬!"他回复道:"谢谢老师这么关心我,我会坚强的……"

影响人格和情感形成与发展的因素众多且复杂,其中最为关键且不可忽视的是家庭影响。由于孩子自身发展尚不成熟,看待问题不够全面,作为老师和家长,我们必须理性地洞察孩子行为与情绪背后隐藏的真实期待与渴望,避免被孩子的表面情绪所误导。

无论一个孩子的外表看起来多么冰冷、多么叛逆,我们都应认识到万物皆有破绽。作为教师,我们要善于挖掘孩子内心最柔软的部分,看到"冰山"之下埋藏的温暖。

把窗儿打开，让阳光进来

事件描述

　　初次见面，小艳的眼神便透露出与众不同。平日里，她总是斜着眼看人，沉默寡言，见到老师也从不问好。军训期间，她不服从教官的指挥，被单独叫出队列后，反而要求教官向她道歉才肯归队。做广播体操时，她的动作显得懒洋洋的。当我问及原因时，她只是简单地回答："就是不愿做。"轮到值日时，她会偷偷地溜走。为了解决这些问题，我尝试与她进行深入交流，从行为举止到为人处世，从学生身份到未来职业规划，从学校生活谈到家庭与社会责任。然而，她始终对我保持沉默。

　　当我提出家访的建议时，她坚决反对，放学后甚至留在教室里不愿回家。我打电话请她母亲来学校，她母亲却表示没有时间。好不容易与小艳的母亲取得了联系，当我谈及孩子的情况时，她只是简单地敷衍了几句，说孩子平时在家表现正常，没有什么特别的行为，家中一切都好。

　　那是一节安排座位的自习课，同学们都不愿与小艳同桌。正当我动员团支书与她同桌时，小艳突然将一个可乐瓶扔到我脚下，拿起衣服，边骂边摔门而去。

事件分析

　　虽然该生的母亲表示孩子在家表现正常，无异常行为，但是结合孩子在校的表现及对家访的强烈抵触，我初步判断事情并不简单，背后必有未知的原因。

　　该生因嫌弃学校午餐不合口味而不愿在校用餐，而在家中，她可以随心所欲地选择食物，这明显反映出该生被家长宠溺，从而形成了强烈的优越感。这种以自我为中心的心态，让她很少有机会经受住风雨的考验。一旦外界的压力超出了她的心理承受范围，她就会像"排位风波"事件中那样，不顾一切地爆发出来，完全不考虑后果。然而，对于孩子这种不正常的行为表现，母亲却一再选择包庇与纵容。

　　总体来看，小艳自我意识强，但不稳定，以自我为中心，我行我素，对自我的认识和评价不够正确，常被一些矛盾所困扰。小艳的情感世界复杂多变，犹如一场场风暴。她常常表现出幼稚的感情冲动，并伴随着短暂的不安定状态。孤独、忧伤、激动、愤怒和偏见等情感微妙地交织在一起,共同构建了一个强烈、动摇且不协调的情感世界。

此外,通过了解得知,由于长期处于焦虑不安的生活环境中,加之母亲因心疼孩子所受委屈而对其过度保护、溺爱和纵容,小艳逐渐显现出一系列心理缺陷,如劳动观念淡薄,粗俗无礼,过分看重自己,在处理个人与集体、自己与他人的关系时存在较大偏差,不注意克制自己的言行举止,性格冷漠孤僻,对人缺乏感恩之心等。

对话策略

一、积极沟通,凝聚合力

影响人格形成与发展的因素众多且复杂,其中最为关键且不可忽视的是家庭影响。中职生因自身发展尚不成熟,辨别能力较差,加之具有较强的模仿心理和攀比心理,容易受到消极因素的影响,这些影响主要源自他们的人际交往圈。正如古人云:"学好千日不足,学坏一日有余。"

为此,我深入了解了小艳的家庭背景。我走访了她的初中班主任,向她的昔日同学了解情况,并且多次耐心地与其母亲交谈。"精诚所至,金石为开",她的母亲从包庇变得坦诚,从冷漠变得热情,向我倾诉了婚姻的不幸,以及因担心孩子受委屈而产生的溺爱行为。同时,她也提到了由于家庭环境的影响,孩子对周围人产生了多疑、怨恨等不健康的情绪。

我得到了小艳母亲的配合,为孩子准备了一个MP3,让她随身携带。母亲负责提醒她,从早晨出门起就开启录音功能,以便真实记录一天中的言语交流。晚上放学回家后,在母亲的陪同下,孩子会打开MP3,反复回放并聆听几遍,检查自己在现实生活中的表达与初衷是否存在偏差。第二天,孩子继续携带MP3,但我会告诉她,在每次表达意见前,先想一想自己到底要说什么、要做什么,并在想好之前保持微笑,认真聆听别人的意见。这样日复一日,我们再一起观察她的心情和人际关系是否有所变化……

二、聚焦能力,加强引导

生活技能是指一个人的社会能力,即有效应对日常生活中各种需求和挑战的能力。它涉及保持良好的心理状态,以及在与他人、社会和环境的互动中展现出适应、沟通和积极行动的能力。具体来说,生活技能包括六大方面:一是了解自身特点,培养自我认知能力;二是学会倾听和表达,提升人际沟通能力;三是认识并管理情绪,培养缓解压力的能力;四是理解并支持他人,增强换位思考能力;五是有效解决问题,提高应对挑战的能力;六是避免攻击性言行,加强自律与自我控制能力。

我教导小艳认识这6种生活技能的重要性,让她对客观实际保持客观态度,用高于正常情绪反应的理性去审视并接纳其中的合理与善意,忽略粗暴与糟粕,以宽容和怜悯的心态去对待外界。

三、赏识教育,增强信心

苏霍姆林斯基说:"教师技巧的全部奥秘就在于如何爱学生。"美国心理学家威普·詹姆斯曾说:"人性最深刻的原则就是希望别人对自己加以赏识。"为此,一有机会,我就会积极地表扬她,如她唱歌唱得好、字写得漂亮、本质善良等。我还安排她与我班最活泼开朗、乐于助人、有责任心的团支书同桌,希望起到潜移默化的作用,不断培养她的自尊心和自信心。

📊 对话成效

一个学期过去了:通过运用语言记录法和实施赏识教育,她基本上能够认识到自己的情绪,提升了自我认知能力,学会了倾听与表达,并结交了一些朋友。她不再像过去那样以沉默对抗学校管理,反而主动找我为以往的不良表现道歉了两次。她虽然话不多,但是对老师已不再那么抵触。有一天,她还主动向我询问了语文问题。运动会上,她主动报名参加了4×400米接力赛。艺术节合唱比赛中,在大家的鼓励下,她担任了领唱的角色。她还主动提交了入团申请书……她越来越追求进步,也越来越受到老师的认可和同学们的欢迎,从而融入了这个和谐的集体。有一天放学后,她是最后一个离开教室的,原来是想邀请我去她家做客。

如今回首,我数不清有多少个夜晚,披着满天星斗独自走在家访的路上。教育的天职是什么?是引导每一个学生都健康成长。在老师的精心栽培与家长的密切配合下,让我们共同点亮孩子们的心灯,打开他们的心窗,让心与心的沟通在阳光下共舞!

给心灵"减负"的机会

事件描述

高一上学期的一天,"林老师,小瑜又出问题了,这次是在快要下课的时候与李老师发生了争执。"班长急匆匆赶来向我汇报。得知并没有发生激烈的冲突,我松了一口气。经过与老师沟通得知,离下课还有 5 分钟时,由于作业项目多,李老师需要对作业进行指导,要求学生认真听。而之前一直认真听讲的小瑜此时却趴在课桌上不抬头。李老师问她是不是生病了,她没有回答。于是性格开朗外向的李老师就用手指轻轻戳了小瑜的胳膊,提醒她抬起头来。看到小瑜毫无反应之后,李老师抬起小瑜的一只胳膊,希望她能抬起头、身体坐正。这时,小瑜突然大喊:"不要碰我!不要碰我!烦人!"虽然李老师再次耐心提醒她要起来听讲,但是小瑜还是满脸怒气。小瑜的反应出人意料,李老师也感到非常尴尬。

这个平时看起来不言不语、气质冷冷的小姑娘,不到一个学期就已经与 3 位老师发生过不愉快了。虽然都没有演变成激烈的冲突,但是学生与老师矛盾频发显示出学生的问题并非偶发现象,可能存在更深层的原因。作为班主任,要追根溯源,做好学生的思想工作。

事件分析

新生报到时,小瑜给我留下了深刻的印象。在炎热的八月,她戴着帽子和大大的口罩,露出一双不愿直视他人的眼睛,并自述患有社交恐惧症。在线上新生班会上拍班级合照时,她私信告诉我,因为有恐惧症,所以不想开摄像头。她得知合照中只有同学,没有家长,这才打开了摄像头。学期初与学生谈话时,我又了解到她在初中时就与任课老师关系紧张,只有班主任对她比较包容。经过这几次接触,"对陌生老师自称有社交恐惧症""排斥家长等成年人""易与任课老师产生矛盾"等主要信息在我的头脑中逐渐清晰起来,因此我初步判断她对成年人存在下意识的抵触情绪。作为服务专业的学生,她不仅要学会与同龄人相处,还要学会与不同年龄层次的人交流与沟通。缺乏良好的沟通能力既会影响她在校期间的师生关系,又会影响她未来职业生涯的适应性。

在与家长沟通的过程中,我了解到小瑜出生仅 35 天时,她的爸爸便因家事与妈妈发生争吵,性情耿直的小瑜妈妈愤而决定与爸爸离婚。此后,小瑜的妈妈与舅舅不辞辛劳地带领团队承包建筑工地的事务,同时含辛茹苦地照顾年幼的小瑜和年老的母亲。在 15 年的成长历程中,小瑜与爸爸仅见过两次面。妈妈尽量不在小瑜面前抱怨爸爸,在妈妈和姥姥的关爱下,小时候的小瑜看起来并无异样。但进入青春期后,"爸爸"这个词变成了她的禁忌。一旦提及,小瑜就会情绪激动,甚至大哭。从小瑜的成长经历中,我似乎看到了她对他人警惕和抵触的根源:她将对爸爸的警惕和厌恶情绪"泛化"到其他成年人身上。由于年龄和经历的限制,她不知道如何化解这种负面情绪,因此处理人际关系的方式较为简单和直接。

通过以上分析,我认为课堂事件本质上可能是小瑜身心健康问题的一种表现。

对话策略

一、外围突破,舒缓不安情绪

我找到小瑜时,她高冷的气质中透露出不安,显然与任课老师之间的数次摩擦让她心存顾虑,不愿谈及课堂上发生的事情。既不能直接触及课堂事件,又不能就此放弃,我决定采取迂回策略,先从外围入手,努力营造轻松的交流氛围。于是,我主动谈起了新生报到日的情况,描述了她的外表、动作、言语,一起陪同前来的表哥,以及因不能及时到校而打来的道歉电话,就这么和她拉起了家常。这些话题在一定程度上分散了她的注意力,同时使她的情绪逐渐放松,沟通也变得更加顺畅。然后,我趁机问道:"你曾说自己有社交恐惧症,那么你晚来报到是想故意避开同学吗?"她明确地否认了。我又问:"新学期以来,你和同学们之间虽然没发生过摩擦,但是和任课老师有过几次不愉快,也不喜欢面对家长,是吗?如果我接触你的胳膊,你就会感到不安吗?"她没有完全承认,但也没有否认。我接着问:"是因为林老师的言行伤害过你吗?"她再次否定了。从她的回答中,我印证了自己的猜测:面对成年人,她缺乏基本的安全感。因此,溯源对话还需要继续深入。

二、及时沟通,家校协同助力

基于小瑜的相关资料和谈话内容,我再次与家长取得了联系,希望他们能够重视并积极配合学校,共同做好学生的身心健康工作。我认为小瑜的问题在很大程度上是由父亲的缺失导致的。

虽然这不是短时间内能够解决的,但是我仍然希望通过"关键对话",帮助她理解"基本归因偏差",从而减轻父亲的缺失给她带来的负面影响。我希望她能通过认知的转变,学会正确处理和成年人的关系,避免类似的课堂事件再次发生。但要纠正小瑜对父亲的认知偏差,就需要母亲放下过去的成见,客观地分析当年的实际情况,合理解释父亲未能常伴她身边的原因。这样既能给父亲一个公正的评价,又能给孩子一个放下厌恶父亲的机会。

三、触及核心,探讨基本归因偏差

为了这次谈话,我特意挑选了一个静谧的小房间,以确保我们小声交谈也能彼此听见,以此营造说心里话的氛围。我的目的是引导小瑜正视她爸爸在几个特定情境中所面临的压力:离婚时的压力,离婚后的生活压力,面对小瑜时的压力。

这次谈话直接进入主题。当我问及如何认识妈妈的性格时,小瑜认为妈妈很棒、很坚韧、很完美!妈妈这时补充说:"脾气火辣、爱憎分明,发起火来,小瑜舅舅会怕,小瑜也会怕,当时的小瑜爸爸也很头疼。"听到妈妈如此评价自己,还提到了爸爸,小瑜立刻瞪起了眼睛,看了看我,暂时没有说话。接着,小瑜妈妈向我解释了20岁的自己在离婚过程中的任性,以及小瑜爸爸挽救婚姻的过程。看得出来,小瑜是第一次听到这些内容,她那位要强的妈妈此前并没有跟她讲过。接着,我询问小瑜在成长过程中家庭是否曾面临过经济上的压力,妈妈非常爽朗地表示他们家完全没有这样的压力。随后,她看似不经意地提到,小瑜的爸爸就没有这么好的运气了,他的生活质量较差,根本无法给小瑜提供相同水平的生活。(小瑜妈妈非常聪明,完全明白我提问的意图。)当我再次询问为什么在过去的15年里小瑜只见过爸爸两次时,妈妈表示她的心结还未解开,并且当时她已经有了男朋友。小瑜的爸爸曾经提出想见见孩子,但她自己并不想见小瑜的爸爸,因此多次拒绝了见面的请求,导致这15年里他们只见了两次面。

最后,妈妈充满爱意地对小瑜表达歉意,真诚希望女儿能放下对爸爸的负面情绪,轻松快乐地向前走。

对话成效

经过几次关键谈话,我们每次都成功达成了目标。虽然这些谈话不可能完全消除小瑜的认知偏差,但是在亲情的感召下,爱会逐渐消解这些认知偏差。我相信小瑜也会给爸爸一个机会,因为这也是给她自己的心灵减负的机会。

学业指导

实习中的"转身"与成长

作为酒店管理专业"3+4"的学生，我们每个暑假都要接受一次实习锻炼。实习锻炼活动不仅能充分发挥职业教育的特长优势，将劳动教育融入人才培养、社会服务等功能中，还为学生进入本科院校及未来成为高素质技术技能人才奠定坚实的基础。

高一暑期一开始，同学们便迎来了他们的第一次高星级酒店实习。实习刚过一周，有一天，正在暑期培训的我突然接到女生小 A 妈妈的电话，说孩子和酒店经理发生了激烈的语言冲突，情绪很低落。家长的语气很焦虑，她表示要立刻到酒店找经理理论。我先安抚家长，请她等我过去后再一起解决。当我到达酒店时，双方已僵持在一起，家长要求经理给孩子道歉，但经理坚决不让步。

事件分析

该事件是班主任在职业指导工作中遇到的突发事件，涉及校企合作、家校共育、沟通协调等多个方面。班主任需要秉持"三全育人"的教育理念，在深入分析的基础上，运用教育智慧来化解矛盾，助力学生成长。

从学生个体的角度看，小 A 同学是一个善良、内向敏感且有些慢热的女孩儿，平日在班里表现不够积极，做事相对拖拉。作为独生子女，她如同温室的花朵一样，被父母呵护得太好。因此，她的社会适应能力较弱，在新的实习环境中未能迅速完成从学生到职业人的身份转变。

从原生家庭的角度看，小 A 的母亲性格急躁、冲动，较为强势，平日里对孩子的事情包办较多。在家庭教育中，母亲的情绪管理水平有待提高。我们能理解作为父母，当孩子受到委屈时产生的"护犊子"心理。但我们在安抚家长情绪的同时，也要引导家长从孩子的长远发展考虑，帮助家长培养成长型思维。

从校企合作的角度看，该酒店是学校多年来的合作伙伴，其餐饮部经理是一位经验丰富、认真敬业的老员工，性格直率、雷厉风行，对自己及身边的同事都有着很高的要求。暑期正值旅游旺季,由于工作繁忙且压力大,酒店经理对表现拖沓的小A一直不太满意。

🧑‍🤝‍🧑 对话策略

一、针对学生

(一)通过共情、赏识教育等方法,帮助学生实现"转身"

到达酒店后,我分别与学生、家长及酒店经理进行了真诚、平等和友善的沟通,运用共情技巧,引导双方进行换位思考。

听完小A的陈述,我充分表达了对她的理解。我问她:"你还想继续留在这个岗位吗?"她思考了一会儿说:"老师,我还想待在这里。"我很诧异,问道:"为什么呀?"她回答:"经理其实人挺好的,我平时活多忙不过来的时候,她只要有空都会帮我。她对工作很认真,像我这种慢吞吞的性子,她受不了也是正常的。如果换岗位的话,对我们都不好。"小A的善解人意让我深受感动。

和孩子谈完后,我又单独和经理进行了沟通。我向经理大致介绍了孩子的性格特点及其在学校的一些表现。之后,我把孩子的原话转述给了经理。经理听完也很诧异,沉吟片刻后,她说:"我处理的方式也欠妥。考虑到学生年纪小又初入职场,我应该给予她一定的适应期。"聊完后,经理出去向孩子和她的父母道了歉。

事件处理完后,酒店经理对小A同学耐心了许多,看到她取得的点滴进步都会给予及时的表扬与鼓励。在实习总结会上,小A同学被评为"实习进步之星"。开学后,在班级实习总结会上,小A同学分享了这件事。我在全班同学面前表扬了小A同学。试想,如果双方都不让步,事情就可能会闹得不可开交。正是她的"宽容",让学校和酒店的形象免受了损害。事后,当我单独和小A同学谈话时,明显感觉到她的笑容多了。我趁热打铁,进一步引导她审视自己。小A同学总结了这次实习中凸显的一些不良习惯。对于这些不良习惯,平时她觉得无所谓,但步入社会后,这些陋习就会成为她成长的阻碍。这件事真的让她成长了不少。

(二)建立良好的时间观念,学习时间管理的方法

针对小A的时间管理问题,我推荐她掌握"番茄学习法",成为时间管理小达人。我还鼓励她明确目标,积极改变,争做优秀实习生。

二、针对原生家庭

(1)加强家庭教育指导,引导小A妈妈给予孩子更多自主成长的空间。
(2)建议家长通过家务劳动,帮助孩子获得价值感。

（3）加强家庭教育指导,提升家校共育效果。我推荐小A妈妈阅读《解码青春期》《非暴力沟通》等书,帮助她了解情绪管理与非暴力沟通的策略,并建议家长通过家务劳动等,提升孩子的实践能力。

三、针对校企合作

（1）加强与酒店的沟通与交流,及时了解学生的实习状态与问题,同时协助酒店了解学生的个体差异,为学生提供有针对性的帮助与支持。

（2）建议学校实习部门进一步加强校企合作,为学生提供多种形式的职业指导,并重视学生职业精神的培养和职业素养的提升。

我精选学生的实习总结,及时分享给经理,这既有助于校企间良好关系的确立,又有助于企业及时了解学生的反馈,增强酒店职业指导的针对性和有效性。与此同时,在学生实习总结会上,我们也邀请到酒店相关部门的主管、经理,双方就学生实习期间的表现进行了深入沟通。与此同时,他们也结合自己的工作实践,对学生未来的专业发展提出了切实可行的建议。

📊 对话成效

通过共情,引导双方换位思考;抓住教育契机,进行赏识教育;"三全育人",彰显育人力量。遵循以上策略,学生、家长、酒店所面临的问题得以迎刃而解。

通过这次事件,小A同学在班级里的表现明显比以前积极了。她开始关注班级事务,主动为班级出力。新学期开学报到的前一天,她主动询问并自告奋勇地来到学校打扫教室。她和妈妈一起准备了去污粉、抹布等卫生清扫用品,还非常贴心地为班级准备了手部消毒液、一次性手套等抗疫物品。

小A妈妈也意识到自己在陪伴孩子成长中的问题,后期不仅积极配合我的工作,还会主动与我交流家庭教育的理念和方法。与此同时,她还经常和我分享孩子在家亲手做的美食。看到小A妈妈和孩子的变化,我也由衷地为她们感到高兴。

回看，也无风雨也无晴

事件描述

"老师，我觉得我太无能了，啥也干不好……老师，我不想干了，我真的干不下去了……"看到手机上跳出这么一条微信消息时，我吓了一跳。作为班主任，我最担心的就是孩子们在机场实习期间适应不了身份转变而出状况、撂挑子，尤其是那些平时在校期间就频频违规违纪的调皮孩子。然而令我万万没想到的是，先嚷嚷没法干了的居然是团支书小旭。

询问之后得知，原来是小旭和办公室的分管领导丽姐之间存在沟通障碍。小旭觉得自己已经足够努力、用心地对待丽姐交代下来的各项烦琐工作了，甚至经常为此加班加点，然而丽姐并不领情，甚至吹毛求疵，这让小旭备感委屈。终于，当再一次被丽姐训斥后，她感觉再也忍受不了了。下班后，她越想越难过，于是给我发了这样一条信息。

事件分析

小旭是我们班的团支书，平日里学习刻苦，将班级团的工作也组织得井井有条，因此成为老师信赖的得力助手。小旭的外形条件在航空班里并不出挑，机场面试时又恰逢她脸上的青春痘泛滥，因此没有通过一轮贵宾室和二轮东航的面试。三轮面试时，地服集团办公室提出需要推荐有学习能力、稳中上进的实习生，我随即推荐了小旭。而小旭也不负众望，成功通过了面试。然而，机场的办公楼与航务楼相隔不算近，这也意味着小旭和班级大部分同学不一样，不能在机场一线进行乘客服务。作为怀揣航空班蓝天梦、空姐梦的一员，小旭的心中其实是有些遗憾和失落的。

此外，由于在地服办公室工作，小旭直接接触到了机场白领的职场环境。作为一名稚嫩的在校生，无论思想还是实际能力，都没有适应从学生到职场人的角色转换。海量的信息和繁重的工作量让小旭手忙脚乱，偏偏直属领导丽姐对小旭要求严格。久而久之，小旭便产生了畏难情绪。原本在游刃有余的班级工作中培养的自信,在干啥啥不会的现实逆境中分崩离析。要强的小旭无法排解郁闷,更对自己的能力产生了怀疑,于是便产生了受害者心态,总觉得丽姐是针对她,看她不顺眼。终于,当丽姐又一次驳回了她辛苦一天整理的报表,并措辞严厉地指责她不够用心时,小旭崩溃了。

一个人无论多么顺利,成长的道路上都必定会遇到挫折和压力。实习之前,小旭所遇到的最大挫折和压力,不过是考试分数不够理想、脸上粉刺较多等。面对实习工作中的职场逆境,小旭的应对能力,即逆商,显然有所不足。因此,帮助小旭从心理层面和具体行动上学会如何应对逆境,避免成为压力下的放弃者,是解决这一问题的关键。

🟤 对话策略

一、安抚情绪,自我认同

培养逆商是一项长期且艰巨的任务,当前首要的任务是安抚小旭的情绪,帮助她暂时摆脱情绪的低谷,并提升自我认可度。自我认同是指个体对自己的肯定与接纳。当个人未能建立起稳固的自我认同模式时,往往会倾向于将他人的话语视为绝对真理,或是将他人对自己的态度作为评判自身行为对错的标准。小旭过于在意办公室丽姐的态度,而未能学会以解决问题为核心。

认真倾听了小旭的苦恼与困惑后,从共情的角度出发,我充分表达了对她的理解,让小旭真切地感受到了我是站在她的立场考虑问题。随后,我试探性地问小旭:"小旭,对于这个实习岗位,你真的打算放弃吗?"听到我的话,情绪逐渐稳定下来的小旭明显犹豫了。于是,我趁机引入赏识教育,并引导她学会对比分析这个实习岗位的两大独特优势。

首先,地服集团公司在三个航空班中总共选拔了三人,但经过严格的培训考核后,仅有两人成功入职,并且这两位都是班干部,可谓是"百里挑二"。小旭作为其中之一,应当为此自豪。

其次,办公楼作息时间规律,实行朝九晚五,周末及节假日均能休息。相较于那些在航站楼三班倒、全无周末节假日可言的同学们,小旭应当感到十分幸福。

听了我的分析后,小旭破涕为笑。尤其是第二天恰逢周末休息,她对第二点深感认同。我随即告诉小旭:幸福往往是通过比较而感知的,我们要学会欣赏自己的优势,而不应被他人的态度所左右。

二、改变心态,避免灾难化思维

我趁热打铁,引导小旭意识到她当前正面临逆境,让她通过对所面临的情境进行准确的分析,探究自己对结果的担当,并学会停止灾难化思维。我让她自问:这个局面是否已经失控?这件事还会影响到其他哪些方面?这个困难是否会持续很长时间?我告诉小旭,当你把这3个问题问完后,你就会发现,这3个问题的答案都是否定的。如果不觉得问题的答题是否定的,那只能说明你接触的案例还不够多。自我认同感的展现,意味着无论何种情境都应予以承认和肯定,因为存在即合理,每个人从自己的角度出发都有其正确性。我们之所以生气,是因为我们认为对方不合理,而这种认为对方不合理的根源在于我们用自己的标准或方式去衡量和管理对方。用别人的方式管理自己,用自己的方式去看待别人,是生活中常见的知行不一致的应对模式之一。因此,遇到逆境时,我们先要提醒自己有逆境,然后就像接受今天会下雨一样坦然接受它。我们还要学会渺小化思考,将自己的遭遇置于更广阔的人群中进行审视,把事件放到更长久的时间轴上去回望。这就意味着不要夸大自己的困难,不要自视为世界的中心,也不要觉得自己是最无辜、最可怜的人。只有这样,你才能逐渐克服受害者心态和灾难化思维。

三、开阔心胸,"漏斗法"做事

我们应该认识到逆境并非永远无法掌控,也不会持续一辈子,更不可能在所有方面都带来负面后果。经过深入分析,我们就会发现实际情况往往没有最初想象的那么糟糕。此时关键在于采取行动,尤其是那些能够带来积极改变的具体行动,这样才能真正从逆境中走出来。因此,我建议小旭运用"漏斗法"来制订具体的行动计划。这个方法要求我们先确定首要实施的行动,然后明确何时做、如何做等细节,最终将这些想法进行筛选和整合,形成一个完整且明确的计划。具体来说,与其沉溺于自我猜疑和胡思乱想,不如坦诚地与丽姐交流自己的困惑,就具体问题寻找解决之道。

仅仅是对话指导是远远不够的,我还以实际行动给予小旭社会支撑。我以实习探视为由,与小旭的同事丽姐约定了面对面交流的时间,并与丽姐进行了诚恳的沟通。我向丽姐详细阐述了小旭因要强的性格而未能如愿所产生的苦恼与困惑,并以班主任的身份对丽姐给予小旭的悉心照顾和积极引导表示衷心的感谢。同时,我也感激丽姐为小旭提供的成长空间及那份温暖人心的教导。结果,丽姐不仅表达了充分的理解和支持,还向我反馈了小旭的很多优点,并对她表示了赞许和肯定。当我把这些信息转达给小旭时,她惊讶地发现,原来表面严厉的丽姐一直在暗中关注着她的努力,并认可她的优秀。小旭因此重新燃起了斗志,她说:"老师,你等着,看我将来拿个优秀实习生给你!"

对话成效

七月,航空班实习结束了,地服集团表彰了 7 名优秀实习生,小旭的名字赫然在列。小旭在微信里对我说:"老师,我做到了!老师,谢谢您!"我调侃她道:"真好,再也不是那个哭哭啼啼说自己干不下去的小姑娘了。"她很不好意思地回复我:"是呀,现在回头想想,那都不是个事儿!"

风雨国赛路

📝 事件描述

　　班里成绩优异的小婕为了更好地历练自己,毅然报名参加了酒店技能大赛。参加完省赛后,成绩并不理想的她陷入了深深的自我怀疑,原本每天中午喜欢回班和同学一起午休的她,赛后连续几天都未出现。小婕妈妈看到参加酒店技能大赛训练的女儿每天回家都疲惫不堪,有时甚至手指上还贴着创可贴,心疼不已。加之省赛成绩不佳,妈妈便劝她说:"你已经参与过、体验过比赛了,不能再因此耽误学习了。到此为止吧,我们不再练了,回去好好上课吧。"但无论妈妈如何劝说,小婕还是想继续训练,争取国赛名额。妈妈对此大为恼火,而小婕也伤心地落下了眼泪,陷入了迷茫之中。

🔍 事件分析

　　小婕身为"3+4"本科班的学生,平日里学习勤奋刻苦,成绩始终名列前茅。但她不满足于现状,主动选择通过大赛来锻炼自己,这种精神值得称赞。然而,大赛之路充满艰辛与挑战,小婕亟须来自家长、老师、同学的广泛支持。在省赛失利且国赛选拔在即的紧要关头,小婕的情绪波动较大,亟须疏导。同时,她还面临着技能瓶颈期的迷茫与焦虑,需要专业教师的悉心指导。此外,家长在思想和情绪上的变化,也直接影响着小婕的训练状态和自信心。因此,作为班主任,我需要积极开展与学生、家长、教师等多方的深入对话,为小婕的国赛之路扫清障碍,让她从中获得源源不断的动力。

👥 对话策略

一、疏导情绪,整装待发

　　发现小婕的异常后,我约她单独谈话。结果没说几句,小婕就失声痛哭起来。长久的压抑情绪宣泄出来后,她的情绪明显好转。我建议小婕抽时间在自习课时进班,与全班同学分享一下她的参赛经历。小婕思忖了一下,便同意了。在分享的过程中,她表现得真诚而勇敢,详细剖析了自己的参赛心路历程。老师、同学们都耐心地倾听,并纷纷为她加油打气,这让她深受感动。此后,她又恢复了每天按时来班里午休的习惯,脸上也时常挂着笑容。她决定继续参赛,即便最终未能站上国赛的舞台,但至少她坚持下来了,对自己也是个交代。更何况,她如今已经深刻地意识到,大赛路上的成长与收获远非一枚奖牌所能涵盖。

二、家长观摩,理解支持

国赛前,我多次与小婕家长沟通,理解他们担心小婕学业受影响及大赛可能落空的心情,并邀请他们观摩模拟赛,旨在让他们亲眼见证并理解孩子的坚持。当小婕妈妈看到小婕和小伙伴们进行铺床和摆台的练习后,才意识到她们的训练是多么的单调且辛苦,每天需要无数遍地重复,只为将简单的事情做到极致。看到小婕展现出的那份自信与从容,妈妈更加坚信:比赛的结果不是最重要的,这 9 个月的训练对她未来的学习、工作与生活必将有很大的帮助。于是,妈妈转而全力支持小婕,鼓励她全力以赴,再接再厉。

三、专业指导,突破瓶颈

然而,在后来的训练中,小婕在床赛项目上遇到了瓶颈期,再次陷入了迷茫。我联系了专业课老师来开导她。专业课老师的一席话,让她恍然大悟。老师说:"其实,每位参加大赛的选手都会经历这样一个阶段,虽然这段时间很难熬,但是你会从中收获很多,同时也能改正不少错误,只要挺过去,就会有质的飞跃。"于是,小婕重新燃起了斗志。她床赛项目上的努力也获得了老师们的认可,这让她信心大增,从而以更佳的状态积极备战国赛。

📊 对话成效

父母的加油打气、老师们的悉心指导及同学们的鼓励和帮扶让小婕动力满满。在学校组织的国赛选拔系列 PK 赛中,她表现出色,成功拿到了国赛入场券。在国赛舞台上,她以优雅的仪态、娴熟的技艺及从容的应对,大放异彩,最终荣获金奖,圆梦国赛。在获奖感言中,小婕写道:"感谢老师们辛勤的培养与付出,是你们长期以来的悉心指导和耐心鼓励,让我迎难而上、无惧风雨,一直走到今天。大赛的历练让我明白:人生路上,只要肯坚持,一切皆有可能。我很庆幸能在美好的高中时代就有这样一次历练自己的机会,让我变得无坚不摧,并最终圆梦国赛!"大赛归来后,小婕积极主动地承担起协助老师辅导班级同学转段技能考试的任务,并全力以赴地投入文化课的补课中。大赛赋予她的坚韧品质,最终让她在高考文化课考试中取得了班级第一名的优异成绩,实现了大赛、学业双丰收。小婕妈妈也备感欣慰与骄傲,她非常感谢老师们在小婕参赛过程中给予的温暖对话与指导帮助,也庆幸自己在与班主任老师沟通后,最终尊重并支持了孩子的选择,成为孩子坚强的后盾,并陪伴小婕圆梦国赛。

别样的选择

事件描述

小阳还是想选择普高学籍啊！看着问卷星统计的结果,我颇感无奈。从老师的角度来看,选择普高学籍对小阳来说并非最适合的道路。

高一第一学期末,根据学校的培养计划,我班学生需要根据自己的学习成绩和学业规划,在普高学籍和职高学籍中自主选择其一,进行普职分流。为了让学生明确自己是否适合继续学习普高课程,学校安排了全市普高阶段的考试(以下简称"定位考")。学生和家长可以通过这次考试来了解自己在全市的学业位置,为普职分流提供数据参考。根据考试结果,我班学生选择了适合自己的学籍方向,有的选择继续进行普高课程学习,有的则选择职高学籍以参加职教高考。

小阳在本次考试中,语数英成绩并不理想,这表明她并不适合在普高继续学习。此外,她在日常课程的学习过程中难以跟上进度,最终的高考成绩恐怕也难以满足她的期望。但她仍然非常固执地选择了普高学籍。

事件分析

综合高中班是教育主管部门近几年新设立的一种学制模式。它招收的主要是中考分数低于普高分数线,或者因组合学科等级受限而无法被普高学校录取的学生。综合高中为这类学生提供了学习普高课程的机会,在学习一学期或一学年普高课程后,会提供一次普职分流的机会,让学生根据自己的学习能力,自主选择保留普高学籍或是转为职高学籍。

建新班之初,鉴于一个学期后学生和家长需要进行普职选择,我们从建班起就进行了一次摸底排查。九月初,有16%的学生表示希望能考上普通高校,并计划在一学期后选择普高学籍。随着月考、期中考试的进行,我又组织了3次分流摸查,目的是随着课程学习的不断推进,了解学习难度对学生的影响,以及学生对高考升学方式的选择,从而明确学生在普职分流中的方向。从摸排结果来看,学生学习普高课程的难度日益加大,尤其是在英语和所有理科学科的学习上,他们所面临的压力显著增强。因此,在普职分流的选择上,他们更多地倾向于职高学习。

小阳对化学怀有浓厚兴趣,同时她的化学成绩在班内比较优秀,因此主动请缨担任化学课代表。然而,她明知语数英三科的定位考成绩不理想,却仍想仅凭化学成绩就选择普高高考的方式升入大学,这样的想法显得不够成熟。在与小阳沟通时,我发现她对未来的学业规划既不清晰又不现实,一会儿想选择国防大学,一会儿又想当医生。

普职分流既是学生的选择,又是家庭意愿的体现。针对小阳的分流意愿,我们同样需要了解学生家长的真实想法。小阳的父亲是一家小型公司的副经理,由于母亲与父亲离异,小阳目前与父亲、继母及同父异母的弟弟共同生活。经过多次电话沟通,我们发现小阳的父亲对孩子的选择持模棱两可的态度,既不表示支持,又不明确反对。这种态度在一定程度上弱化了家校合作的效果。

对话策略

一、分析定位考数据,向"数据"要参考依据

定位考能够显示学生的每科成绩在全市的学业排名,学生可以根据这一排名,参考历年的考学分数线,判断自己是否适合参加普高高考,并据此明确自己的考学方向。这些数据是客观真实的,极具参考价值。

从最初摸排结果可知,包括小阳在内的学生们都将升入本科视为高考目标。不同的是,有的学生倾向于通过普高高考升学,而有的学生则希望通过职教高考进入本科院校。在与小阳的交谈中,她提到参考了网友的观点,认为只有通过普高高考才算真正的升学,并对职教高考持轻视态度。于是,我向小阳提出:升本科是否只是为了面子?定位考数据为我们提供了哪些普职分流的依据?在选择普高学籍时,应当优先考虑哪种核心因素?我们的选择是否应从自身实际情况出发,结合大数据进行冷静理智的分析?

二、分析专业目标,选择"适合的就是最好的"

经交流得知,小阳仍想将医生作为自己的职业目标。但众所周知,考取医科类大学的分数线较高。在学业规划和职业目标上,小阳为自己设定了一个"跳起来也够不着"的过高目标,这导致她的选择显得有些偏执。

于是,我和她一起查阅了往年的省内医科类大学的分数线,对于语数英和物化生六门学科,在学习兴趣、学习基础、跨越式分数提升上进行了翔实的分析,并提醒她:为了所选专业能否放弃本科梦?能否接受无学可上,甚至复读的可能?对医学专业的选择是基于热爱,还是基于从众心理?这是不是最适合的选择?

与此同时,鉴于她对中专专业了解有限,我详细地介绍了中专专业的教学水

平、前景分析及学校在职教高考方面的办学经验,并一同探讨了职教高考政策,包括考试科目和难度、国家政策支持等方面。此外,职教高考的本科录取率将会提高,并且省内普通高校也加入了高职本科的招生行列。从往年的普职融通毕业班升学数据来看,在选择中职学籍参加职教高考的学生中,95%以上都能升入本科或高职院校继续深造,实现了本科梦。听到这些,她的神态有了变化。

三、及时进行家校沟通,消除学生的心理顾虑

就小阳在普职选择上的"别样"决定及沟通过程中的曲折,我再次与小阳的家长进行了电话沟通,旨在深入了解这一选择背后的家庭因素。只有准确分析出影响小阳选择的主要因素,才能让她做出主动、客观、冷静的选择,并在未来的学习中安心、精心。

经过与小阳父亲沟通得知,为了让小阳能够接受更好的教育,她多年来一直与父亲、继母及同父异母的弟弟共同居住在城市。相比之下,她的亲生母亲和亲姐姐目前仍在农村生活,并且生活水平相对一般,这与她和父亲、继母在城市的生活形成了鲜明对比。随着年龄增长,她对此产生了一些抱怨。她与继母虽然关系尚可,但是在相处的过程中处于青春期的她难免会与继母产生一些冲突。为了避免加剧矛盾,继母对她的事情选择尽可能少过问。然而,这样的做法却让小阳产生了误解,以为继母看不上她。于是,她非常渴望将来能有一份体面的工作,既能让亲生母亲过上好日子,又能在继母面前"有面子"。作为父亲,对于女儿的选择只能保持模棱两可的态度,看似尊重孩子选择,实则出于无奈。

了解到这些情况后,我深感小阳的不易,那么小的年纪就已经承受了这么多的压力。因此,我再次与她进行了深入的交谈,真诚地肯定了她的孝心与上进心,并鼓励她以此为动力,放下心中的重担,从自身的实际情况出发,选择适合的升学途径去考取本科,但不必过分执拗于学医的本科梦。她可以在本科学习期间去探索实现学医梦想的途径,通过曲线救国的方式来完成心愿。交谈过后,小阳的脸上露出了真挚的笑意。

📊 对话成效

在经过数次的沟通之后,小阳最终做出了决定,选择了中职学籍。对她而言,要实现学医的梦想仍然需要继续努力奋斗,但转入中职学习,选择适合自己的发展道路,既能为她的追梦之路带来希望,又能确保学业的继续。在中职课程的学习中,她学习了中职的语数英文化课,从而降低了学习难度。同时,她还学习了兼具知识技能的专业课,从中感受到了学习的乐趣。适合的就是最好的!相信在未来,她定不会后悔今日的选择,也定能实现自己的梦想!

换位思考助成长

📝 事件描述

　　高二下学期,我们班开始了为期两个月的顶岗实习,因为这是学校教学计划的一部分,所以全班学生都必须参加。实习刚开始不到一周,我就接到了小成爸爸的电话,说孩子跟线长发生了矛盾,不想在工厂继续实习,想回家,他也想把孩子领回去。接到电话后,我先安抚了小成的爸爸,然后立刻赶到了车间。小成一看到我,眼泪就哗哗地流了下来。在机器的嘈杂声中,他一边用手擦着眼泪,一边哽咽着说:"老师,我想换岗位,但线长不给换,我不想干了,我要回家……"看到他这样,我心想这孩子得受了多大的委屈才会哭成这样。旁边的线长无奈地跟我说:"这孩子看到你们班其他同学在空调插管的岗位,就非要换过去,但那个岗位已经满人了。再说了,他在现在这个岗位上做得很好,每天都能超额完成产量,我还不想让他换呢。就因为这,他就撂挑子不干了。"原来,小成想换工作岗位,但线长不同意给他换。

🔍 事件分析

　　该事件是在班主任带学生实习过程中发生的职业指导突发事件,涉及学校、家长和企业的沟通与协调。

　　从学生的角度看,小成在校时是个认真的孩子,还担任体育部部长。虽然学习成绩不是特别好,但是他在其他方面从未让我操心。无论是每天的值日,还是每周二的大扫除,小成都非常积极,并且将卫生打扫得很到位。我不明白为何到了工厂实习,他就变得挑三拣四。但当我静下心来认真思考时,我发现他这样的表现是有其背后原因的。

　　首先,小成是家在市区的走读生,从未住过校。而此次实习,全体同学都需要住在工厂宿舍,小成也不例外。虽然宿舍里住的都是自己的同学,但是由于之前从未共同生活过,小成对首次集体生活感到很不适应。

　　其次,在学校里,每当遇到问题时,老师都会耐心教导。但工厂与学校不同,工厂更注重效益,而非教育。因此,当小成多次提出调换工作岗位的请求时,线长并未允许,这让他备感挫败。于是,他便产生了离开工厂、让父亲接他回家的念头。

从家长的角度看,小成爸爸想把孩子接回家,一方面是因为孩子首次离家,他不放心;另一方面是他觉得孩子在工厂受了委屈。

从企业的角度看,企业追求的是利益最大化。整个车间的绩效直接与产量挂钩,如果产量不达标,每个人的绩效就会减少。因此,线长从大局出发,合理安排员工的岗位是合理的。然而,由于线长与小成之间缺乏有效沟通,并且家长也未能了解实际情况,这才导致了孩子想要离开工厂,家长想要带走孩子。

对话策略

一、换位思考,助力成长

这件事情发生后,我立即找到小成,了解了他的想法。我问:"实习也是教学的一部分,只是把学习场所从学校转到了工厂,你真的想半途而废吗?"他表示自己非常珍惜这次实习机会。长这么大,他一直没离开过家,想出来锻炼一下。虽然适应集体生活有点难,但是他并非真的想离开工厂,只是想调换工作岗位。但线长不给调换,这让他感觉线长在针对他,因此一气之下给爸爸打电话说想回家。了解他的想法后,我说:"其实,你还是想和同学们一起留在这里的,对吧?你只是觉得线长太不近人情,不给你调换岗位,才想离开。"听我这么说,他点了点头。我又问:"你在学校时是体育部部长,如果成员不想做某项工作,你就会轻易给他换吗?"小成脱口而出:"不会!"我又问:"那么现在,你能不能试着站在线长的角度思考一下:他为什么不给你调换岗位呢?"他沉思片刻后说:"老师,我明白了,线长可能是担心其他同学会效仿我,影响整个车间的工作,最终影响我们的工资。我现在要把自己当作工厂的员工,而不是学生。"见他开始思考,我继续说道:"没错,线长作为整条生产线的领导,必须从大局出发,不能因个人而影响整体。这与你作为体育部部长在安排工作时的考虑是一样的,对吧?线长其实是想让你挣得更多,你得理解他的用心。"他不好意思地点点头,说:"老师,你能不能跟线长说说,我不换岗位了。我的岗位也挺好的,只是一开始我想和其他同学在同一岗位,这才觉得委屈,发了脾气。现在想想,这几天线长对我挺不错的。当我遇到不懂的地方,他总是帮助我,是我太任性了。"我笑着回应:"你这么想就对了! 老师希望你在这里能像在学校一样优秀,争取被评为优秀员工。"

二、校企沟通,消除误会

随后,我又找到线长,与他沟通了小成的情况。我向线长详细地讲述了小成在校的表现,同时也转达了小成的想法。线长听后表示:"其实这件事,我处理得也不够妥当。当小成提出换岗位时,由于当时太忙,我对他态度不好,吼了他,这才导致他想要离开。我应该考虑到小成初来乍到,对工厂各方面还不熟悉。如果我对他更加耐心和体贴,或许就不会出现这样的情况了。以后的工作中,我会更加关心实习员工,让他们在这里感受到温暖。"事后,线长主动向小成道歉。

三、家校沟通,拉近距离

处理好事情后,我联系了小成的父亲。他表示,平时在家时,不舍得让孩子干活,虽然希望孩子能出去锻炼,但是孩子一打电话回家,他心里就舍不得。我向他建议,平时在家时可以让孩子多参与家务,这样能锻炼孩子的劳动能力。同时,家长应当培养孩子的独立能力,不能一味迁就孩子,遇到问题时也应该及时与老师沟通。

📊 对话成效

这件事情过后,小成非常认真地工作,几乎每天都超额完成任务。此外,他与线长的关系也很融洽,并且在做事时能够站在别人的角度考虑问题。线长不时给我打电话表扬小成。在实习总结会上,小成还荣获了"优秀员工"的称号。当然,我也及时将小成的优异表现告知了家长,家长对此感到十分欣慰。

作为老师,当学生出现问题时,我们要及时解决,并深入探究问题背后的原因,这样才能更好地促进学生成长。

调适自我，让理想照进现实

事件描述

周二上午，我突然接到学生实习单位负责人的电话，说小豪不服从管理，在工作时间擅自离岗，并与负责人大吵一架后失去联系。

这与小豪在学校时留给我的印象截然不同。通过与负责人交流，我了解到小豪刚进入实习基地时，表现十分积极，总能迅速地完成工作任务。然而，进入第二周后，小豪开始显得烦躁，对工作安排频繁提出疑问，偶尔还与负责人发生小摩擦。这天上午，基地进行常规清障工作，包括清理葡萄园修剪后的废枝、病残体和杂草等。小豪清理了一会儿后，便回宿舍躺下了。负责人发现他没有身体不舒服却躺在床上不起，便严厉地批评了他。结果，小豪情绪突然失控，咆哮道："我来这里是为了学习的，学习修剪果树、操作机器和现代化管理，而不是一直在这里当苦力，只会除草、清垃圾……"在咆哮声中，小豪不听劝阻，摔门而去。随后，他关闭了手机，失去了联系。

事件分析

从实习单位的角度看，基于工作的整体规划和安排，基地目前正处于整枝修剪的阶段。因此，新实习生较少有机会从事技术性工作，而是需要从基层做起。他们的日常任务包括每天至少半天进行基地清障工作，每两天进行一次技术修剪，以及完成其他临时性工作。此外，基地有几千亩之广，即便采用了现代化技术并配备了工人辅助，实习学生们所承担的工作量仍然相当繁重。对于刚刚踏上实习岗位的学生而言，这无疑是一个不小的挑战。

从学生个人的角度看，小豪在校期间担任体育委员，身体素质佳，平日里总是活力四射，给人精力充沛之感。虽然学习成绩中等，但是他对待班级工作极为积极，同时对自己负责的任务总是尽心尽力。此次发生的"争吵出走"事件，其成因是多方面的。

家里本来希望小豪能继续努力学习，争取考上大学。但小豪对学习不太感兴趣,觉得自己考本科无望,同时认为自己动手和社交能力较强,因此想参加实习工作。经过一番努力,他终于说服了家长,并立下豪言壮语,表示一定要比上学的哥哥更有出息,因此更加迫切地希望通过工作来证明自己。然而,小豪未能及时适应从学生到职工的身份转变,他对工作的理想化憧憬与现实工作的落差,也加速了这次矛盾的爆发。

在学校期间,小豪将日常生活安排得相当充实,既有上课和技能实训,又有固定的体育锻炼,课余时间还会打打球,参与各类比赛和活动,生活可谓丰富多彩。然而,一到实习单位,小豪的生活节奏就发生了巨大变化,除了吃饭和休息时间,就是不停地工作,劳动量也远超在学校时。为了向家人证明自己,小豪在第一周一直拼命工作,结果身体上有点吃不消了。

实习前,小豪听过不少学校优秀毕业生和实习生的成功案例报告,特别是本专业优秀毕业生王同学和辛同学,他们最终月薪都达到了两万多元。这两个既具备学历又拥有实践经验的成功案例,给了小豪极大的憧憬与动力。小豪心想,自己虽然学习成绩一般,但是在技能操作方面一直名列前茅,无论是专业技能还是营销策略,他都充满信心。他正准备大干一场,却没想到一开始的工作是以枯燥的体力劳动为主,技术性工作大多由老员工承担,并且缺乏高技术含量的任务。尤其当得知前两个月的工资才两三千元时,巨大的心理落差加上工作的疲惫,让他所有的委屈瞬间爆发,最终导致了争吵出走的事件。

🐾 对话策略

一、给学生一个心理缓冲期

学生刚刚经历了冲突事件,并且主动关掉手机,这反映出他内心正处于纠结、伤心和委屈的状态。然而,他并未立即寻求倾诉,这表明他当前更需要一个安静的空间来处理自己的情绪。在确保学生安全的前提下,我们不应急于说教或引导,而应给予学生一个心理缓冲期,这样更有助于后续的沟通。事件发生后,我尝试联系学生,却发现他已关机。于是,我先给学生发了条信息:"老师知道发生冲突不是你一个人的错,也知道你受了委屈。你这几天工作确实很辛苦。务必注意安全,回家后好好休息。明天如果有时间,你能抽时间跟老师聊聊具体发生了什么吗?"随后,我立即联系了学生的家长。当天下午,学生安全到家。开机后,他便回复了信息,向我道歉,并于当晚就该事件与我进行了沟通。

二、为学生构建支撑力

学生遇到挫折后,家庭与学校就是他们重要的依靠与支撑力量。联系学生后,我立即与家长沟通,共同寻找学生,确保孩子安全。接着,我与家长就学生的择业和就业问题进行了深入交流,并提出了合理的建议。我帮助家长明确事情的各项原因,避免给孩子施加压力,并引导他们形成正确的就业观和成功观等。之后,双方共同为学生的就业指导和心理疏导提供后续支持。

三、让学生宣泄情绪

学生冲动之后,通常会感到委屈和愤怒,此时进行说教往往适得其反。相反,我们应该设身处地地共情,给学生一个释放不良情绪的空间,让他们能够自由地发泄内心的感受。学生当晚给我打来电话,先向我道歉,我随即肯定了他的责任心,并引导他讲述了事情的经过及自己的委屈。待学生的不良情绪宣泄完后,他更容易意识到自己也有问题,这为后续工作的开展奠定了基础。

四、正确归因,职业指导

我先对学生主动报平安和道歉表示肯定,赞赏其责任心,接着引导学生详细叙述整个事件的来龙去脉,并从企业、家庭和个人角度深入分析冲突发生的原因。经过前面的沟通,此时的交流变得更加顺畅且有效,学生的自我剖析和原因分析也显得更为全面和深刻。随后,我引导小豪深入学习了优秀毕业生的案例,指出学长学姐们取得成就的前提是不断学习、努力和坚持,他们都是从基层一步步做起来的,以此鼓励小豪也一定能够成功。最后,针对小豪的现状,我进行了职业指导,并根据现实情况对之前制定的职业规划进行了适当的调整,以更好地适应现实情况。

五、校企协作,合力育人

实习企业就是学生今后的职场,因此我们应该帮助学生尽快实现身份转换,实施良好且有效的沟通并减少不必要的摩擦。班主任在确保学生安全后,应该先与企业联系,并就该学生的具体情况及事件发生的前后原因进行沟通,以取得企业的谅解和认同,为学生争取锻炼的机会等。随后,班主任再与学生进行全面有效的沟通,鼓励学生主动联系企业负责人,完成冲动后的补救工作,如向企业负责人做出诚恳的认错和保证。

对话成效

经过情绪宣泄和心理认同,并在教师的指点下,学生逐渐从之前的不满、愤怒、委屈中摆脱出来,不再简单地将原因归结为单位的无机会和负责人的无能,而是逐渐平静,开始自省,对各方面原因的分析也变得更为全面和深刻。事后,在老师的鼓励下,他主动找到单位负责人,诚恳地道歉,并进行了深入交流。这次交流不仅修复了关系,还为他争取到了与优秀师傅共同学习和工作的机会。之后,单位也根据反馈对前期的实习工作安排做了适当的调整。两个多月后,单位负责人反馈说,小豪取得了显著的进步,变得更加沉稳,还被评为"优秀实习员工"。通过自己的努力,小豪终于离自己的目标又近了一步。

小乐的自驱型成长

事件描述

一天下午，色彩老师气呼呼地把小乐的作业甩在我面前，让我"好好"欣赏他的大作。我打眼一看那幅画，真是哭笑不得。色彩老师要求画静物水彩画，其他同学都画得很用心，唯独小乐的画作中央竟是空白。为什么呢？按照规定，画里应该包含一个罐子、一个盘子，盘子上放着一个苹果。然而，这小子竟然连苹果都懒得画。那么，盘子空着怎么办呢？他竟然在空白的盘子上签上了自己的大名！

第二天清晨，语文老师又来找我，说："李老师，今天小乐又没交作业。这才刚上高一，他到底是怎么想的！"

事件分析

一、学习动力不足，有较大的学习困难

相较于其他同学，小乐在学习上表现出学习动力不足，并且面临较大的学习困难。入学时，他的中考成绩排在级部末尾，文化课基础薄弱。入学前，他未接受过任何专业的美术训练，导致专业课基础为零，所有相关知识都需要从头学起。由于缺乏基本的自律，小乐不清楚如何成为一名合格的中职生，这进一步加剧了他的学习困境。因此，他在语数外等课程上难以跟上进度，也只能勉强应对专业课。此外，由于本身缺乏进取心，他课上听讲不认真，课下作业随意敷衍，各方面的表现都让老师们感到失望。作为"3+4"高考班级的一员，他这样的态度连合格中职生的标准都难以达到，更别提达到对口大学的录取标准了。

二、对"3+4"职教高考缺乏了解

小乐对宝贵的"3+4"职教高考机会缺乏足够的了解。身为"3+4"高考班级的一员，小乐对如何才能在3年后顺利通过职教高考缺乏基本的认知和紧迫感。"3+4"本科贯通培养是一定环境下的国家政策的产物，是中职生进入高等院校学

习的难得的渠道。"3-4"本科贯通培养的大学录取率几乎为100%,这让许多普高学生羡慕不已,而小乐未能好好珍惜这个机会,真是让人为他感到焦急!相比之下,入学半年来,班里绝大多数同学都在全力以赴,努力让自己进入快速提升的轨道。

总之,该事件属于学习动力不足与认知不到位的问题,从而导致了自我提升的内驱力不足,甚至出现了"躺平"现象。

对话策略

一、运用共情,促进反省

我跟小乐说:"你的色彩作业没有画上苹果,导致作业质量不达标,对吗?"小乐解释说自己的绘画水平太低,画不完,因此不想画了。我引导他想象一下色彩老师的感受。小乐说:"色彩老师肯定是生气了。"我跟他描述了一下色彩老师是怎样心急火燎地来找我的,然后说:"我很理解你的感受,更理解色彩老师的感受。但你知道我的感受是什么吗?"小乐回答道:"肯定还是失望呗。""错了,我没有生气。相反,我有些难过,也有些自责。你没有画完苹果,一部分原因在于你的态度,你不想画了;另一部分原因在于你的绘画功底不够,而我没有及时帮你想办法。不过别担心,我明天就请色彩老师帮你课下补课,相信你一定能慢慢赶上来的。今天,我找你是为了解决问题的,绝对不是要找你算账的。色彩老师那里,你觉得现在怎样处理比较好?我去跟色彩老师解释一下,保证你以后即使画不完,也起码会有一个认真的态度,好不好?我们现在一起去找色彩老师,好不好?"小乐不好意思地说:"我自己去吧。"

二、明确标准,了解途径

既然小乐有了想法,那就好办了。对于班主任来说,最怕的就是学生毫无想法。学生没有目标,对结果好坏都无所谓,那才真正让人头疼呢。现在,小乐想舒舒服服地过日子,这本身也算是个目标。于是,我问小乐:"你说的舒舒服服地过日子,是指现在的生活状态,还是将来步入社会后的生活?各自的标准又是什么呢?"小乐回答说:"无论是现在还是将来,我都希望能过上不用出力、有吃有喝的日子。老师,您不用为我操心。对我来说,考不考大学真的无所谓,这并不是我自己的想法,是我爸妈坚持让我上'3+4',但我内心只想过得舒舒服服的。"我说:"从物质层面来看,你已经做到了舒舒服服地过日子。你的家境不错,父母为你提供的物质条件比班里大多数同学都要好。但从精神层面来看,我感觉你有些烦恼。毕竟,谁不想学习成绩好一些,赢得同学们的羡慕和尊重呢?只是这个目标对你来说或许过于高远,短时间内难以实现。"听到这句话,小乐脸上原本无所谓的表情消失了。显然,他内心还是想上进的,并非无可救药。

我接着帮他分析,如果将来想要继续过上舒舒服服的日子,就不可能一直依赖父母。总有一天,父母会退休,到那时维持现有的家庭生活水准就要依靠小乐自己了。到那时,小乐能否有能力支撑起家庭的重担,并且建设好自己的小家,将取决于他那时是否拥有足够的资源,而这些资源的获取是需要靠现在的努力去争取的,也取决于小乐自己的意愿和行动。另外,我询问小乐:人生的目标是否仅限于此?除了物质追求以外,是否还可以有精神层面的目标,如积极向上的生活状态、同学们的尊重和认可等带来的精神层面的愉悦?

三、面对现实,激发动力

小乐之所以遇到这些问题,是因为他对自己所拥有的幸运机会认识不足,自我定位偏低。我制作了一个关于全省高考教育基本情况的表格,详细地列出了不同的对口大学在夏季高考与职教高考中针对本专业的录取途径及录取比例,用大数据说话,让小乐明白自己能有这样一个高考机会是多么难得。之前的小乐对此浑然不觉,身在福中不知福。当得知许多师兄师姐都计划未来继续考研深造时,他也不禁心生憧憬。

📊 对话成效

在学习态度方面,由于基本功的欠缺,小乐在课后跟随各科老师补习时进步的速度较慢,但他确实付出了极大的努力。色彩老师经常向我称赞小乐,表示他的学习态度有了显著的改善,变得越来越积极。同时,文化课老师也反馈说,小乐现在有了学习的意愿。在学习成绩方面,虽然小乐的成绩仍处于班级末尾,但是他正在努力追赶进度,与同学们的差距已明显缩小。私下里,我已与各科老师沟通,请他们每天找出小乐的一个进步之处,并多加表扬。这个方法对小乐来说,确实很有效。

高三上学期末,小乐压线通过了职教高考的技能测试。他的专业课分数虽然不高,但是也达到了及格线。半年后,他参加了职教高考的文化课考试,语数英的分数依然不算高,但也成功超过了分数线。如今,小乐已是一名大三的学生。当年那些准备考研的学长学姐们,经过不懈努力,也都顺利进入了研究生学习阶段。小乐也有了考研的念头,并已着手准备,他对自己人生的掌控感又提高了。

生命随时转弯

📝 事件描述

　　高一暑假即将结束时,我突然接到了梁燕的电话,她告诉我她不想上学了。我震惊不已,完全没想到班里第一个提出辍学的会是她。我连忙追问原因,梁燕辍学的缘由主要归结于以下两点。

　　(1)学习上的重重困难。由于基础薄弱,她听课时感到十分吃力,特别是专业课。虽然高一时已拼尽全力,但是她的成绩仍然只是中等水平。

　　(2)家庭经济的窘迫。父亲身体状况不佳,母亲又无固定工作,这让她产生了辍学回家挣钱养家的念头。听完梁燕的一连串理由后,我担心电话沟通的效果会大打折扣,于是决定立即与她见面。然而,当我匆匆赶到车站时,却惊讶地发现梁燕已经坐上了开往东北老家的火车,她显然是抱着彻底放弃学业的决心回家的,这突如其来的变故让我措手不及。

🔍 事件分析

　　这是一起学生辍学事件。辍学现象不仅对学生的终身发展造成严重影响,还对教育事业的健康发展构成了严峻威胁。此外,学生辍学已成为制约个人和家庭发展的突出问题,同时也是全社会普遍关注的热点和难点。中职生在学习上本就面临诸多困难,而外界客观因素又极易干扰他们的心理状态,加之自身发展的多种特殊情况,使得辍学的念头容易滋生。"保学控辍"是学校教育管理中的重要一环,也是每位教育工作者都必须高度重视的问题。这既体现了教师的责任,又彰显了教师的爱心。

　　从学生个体的角度看,学业上的困难是梁燕辍学的首要原因。梁燕是一个朝鲜族小姑娘,能说一口流利的朝鲜语和日语,但汉语沟通能力较弱。因此,在日常的交流中已经感到吃力的她,上课时常常需要借助字典来理解老师的话语。对于含有大量专业术语的专业课程,她更是觉得难上加难。梁燕是家里的独生女,由于父亲身体不好,母亲又没有工作,家庭经济状况较为困难。心地善良、孝顺懂事的她很心疼父亲,为了贴补家用,决定放弃学业,外出打工。

从原生家庭的角度看,梁燕的爸爸身体不好,没有稳定工作,主要依靠在建筑工地打短工来维持家庭生计。梁燕的父母均为初中学历,在教育方法上有所欠缺,对孩子的学习没有表现出特别强烈的"望女成凤"的愿望。在这样放任自流的教育环境中,梁燕的基础知识相对薄弱,缺乏足够的鼓励和督促。此外,父母向孩子传达的观念是"无论学习怎么样,都能有饭吃"。因此,当梁燕在继续上学与外出打工之间犹豫时,父母依然没有给出合理的建议,只是告诉孩子"只要不后悔就行"。家庭对教育的不重视,也是导致梁燕辍学的一个重要因素。

从班级教育的角度看,老师在课堂教学中对全体学生的关注程度不足。在授课时,老师更多地关注学生是否掌握了知识,却忽略了对学生的思想教育及对学生学习动态的深入了解,同时对优等生的重视程度明显高于后进生。在日常教育管理中,老师对辍学话题的讨论较少,缺乏对学生学习态度的正面引导,常以为学生都是自愿上学的,因此较少向学生传递正确的求学观念。此外,老师对学生的生活状况调查不足,缺乏系统性的调研,这导致学生一旦遇到困难就容易选择辍学。这也让老师感到措手不及。

🫂 对话策略

一、对症下药,有的放矢

语言交流是沟通中最直接且有效的手段,而良好的谈话是一种看不见的力量。因此,只要我们把握好了谈话的时间、谈话的节奏、谈话的重点,有针对性地进行沟通,有时就能产生"扭转乾坤"的显著效果。

梁燕辍学的主要原因在于学业困难和家庭经济压力。于是,我对症下药,开导她说:"梁燕,你说自己基础差,这点我不否认。但经过一年多的努力,你不觉得基础已经扎实多了吗?从 48 名直接进步到 32 名,这可是 16 个名次的提升啊!你怎么能说只是 32 名呢!"我特意加重了"只是"的发音。"专业课确实有一定的难度,但学习简单的内容同样没有太大的意义,因为你已经掌握了。我们要勇于面对挑战,有信心攻克难题。我相信别人能够坚持学习,你也一定可以做到!"随着不断传过来的"嗯嗯"声,我知道已经攻破了她的第一道心理防线。"你还说想早点为家里挣钱,这份孝心确实令人感动,也是所有父母的欣慰。然而,以你现在的能力和条件,能找到什么样的工作机会呢?又能挣到多少钱呢?你可以日后再挣钱,而一旦离开了校园,想要回来继续学习可就难了。为什么不先让自己变得更加强大,掌握更多技能,以后再挣更多的钱呢?""老师,我明白了,但我回不去了!我已经上了火车,火车不会停啊……""不,梁燕,火车虽然一直往前开,但是每个站都会停靠!"我不敢有丝毫松懈,大脑中的每一根弦都绷得紧紧的。经过一番苦口婆心的劝说后,梁燕终于松了口,说她愿意返回学校继续学业。

二、家校共育,改变观念

一些家长片面地认为,除非有明确需求,否则没有必要把希望全部寄托在教育上。孩子学习成绩差、易辍学的原因之一便是家长对教育重视不足。因此,我接下来需要进一步做好家长的思想工作。通过家访,我详细了解了梁燕家的经济状况,但梁燕无法提供申请助学金的必要材料。于是,我向学校汇报了梁燕的特殊情况,并为其申请了勤工助学补贴,以缓解她的部分日常开销压力。我的工作重点仍在于转变家长的教育观念。我与梁燕的父母深入探讨了教育孩子的方法,强调孩子具有很大的可塑性,并指出上一代总是期望下一代能过得更好。我还通过摆事实、讲道理的方式来说服他们。"孩子能体谅家长的不易,想打工挣钱以减轻家庭负担,这固然是好意。但孩子现在还小,缺乏一技之长,只能去做些辛苦且收入微薄的工作,甚至连自己的开销都难以保障,更不用说孝敬父母了。孩子现在可以工作,三四十岁时也能工作,但三四十岁时还能像现在这样有机会上学吗?踏入社会是早晚的事,不必急于一时。"家长非常赞同我的观点,表示会全力支持孩子继续学业。此后,我还鼓励梁燕的家长多参与班级活动,共同探索教育方法,让梁燕在家里能感受到温暖和快乐,在学校则有事可做、积极进取。

三、多彩活动,提升价值

留住学生的关键在于引导他们树立正确的学习观念,并确保他们能在学习过程中体会到成就感。学习课本知识只是生活的一部分,更重要的是培养他们健全的人格和健康的心理状态。

首先,我在班级内组织了一次关于辍学方面的主题班会。我让学生准备材料,分享辍学的弊端、预防辍学的方法,讲述身边同学克服困难、努力学习并取得进步的励志故事。同时,我还邀请优秀毕业生回校座谈,通过这些榜样的示范作用,既帮助梁燕坚定了继续学习的信心,又为其他学生提前敲响了警钟。

其次,我开展了一系列活动,有针对性地激发梁燕的积极性。例如,梁燕虽然在汉语理解和沟通方面有所欠缺,但是能说一口流利的朝鲜语和日语。于是,我利用晚自习时间与梁燕进行角色互换:我教她汉语,她则充当我的日语老师。在"梁老师"的指导下,我们逐渐能用日语进行简单交流,并在班级内展示了她的教学成果。同学们的羡慕和赞叹让梁燕感受到了前所未有的价值感。

📊 对话成效

当梁燕再次拉上她的行李箱时，已经是一名高三毕业生了。梁燕凭借一口标准的普通话、流利的朝鲜语及熟练的网页制作技术在招聘会上表现出色，成为阿博泰克集团首批录用的员工之一。回想起梁燕不断转身向我挥手告别的情景，我深感庆幸，庆幸自己之前所做的一切努力。

"保学控辍"是一项既长期又艰巨的任务，要求家庭、学校、社会等多方面的共同参与并持续努力，才能得以有效实施。而成功的教育，其核心在于能够及时引导那些在人生道路上迷失方向的学生，让他们在面临歧路时能够认识到错误，及时止损，并重新调整方向，迈向正确的人生道路。

世界第八大奇迹

📝 **事件描述**

　　几周前,班上的小洁准备代表学校参加文明风采演讲比赛。虽然指导老师给了小洁充足的准备时间,小洁也十分努力,但是小洁一上台还是会忘词。随着比赛日益临近,焦急的老师忍不住严厉地批评了她。为了丰富她的大赛经验,指导老师安排她在高一各班进行巡回表演。但从第一个班开始,她就遇到了困难,直到第 N 个班,情况依然没有好转。我也为她感到担忧,鼓励她要充分准备并树立信心。然而,她的表现一直没有改善,与指导老师的关系也日益紧张。在比赛前两天,指导老师无奈决定让一个学姐替换她参赛。指导老师怕小洁想不开,就让小洁写封信跟自己交流一下想法,而小洁始终没有回应。

🔍 **事件分析**

　　小洁的经历是成长过程中遇到挑战的一个典型例子。她准备代表学校参加文明风采演讲比赛,面临的主要问题是"忘词",这可能是由紧张、准备不充分或其他心理因素导致的。指导老师起初给了她充足的准备时间,但随着比赛临近,小洁的问题并未得到改善,这让老师感到焦急并最终严厉地批评了她。虽然老师后来试图通过让她在各班巡回演讲来增加她的经验和自信,但是这种方法并未奏效。这不仅没有改善小洁的表现,还加剧了她与指导老师之间的不和。最终,老师不得不决定让一个学姐代替她参赛。考虑到小洁的感受,老师建议她通过写信来表达自己的想法,但这件事成了小洁心中的一道坎,成为她成长过程中的一个转折点。小洁以不知道如何写为借口,拒绝与指导老师进一步沟通。为了解决这个问题,这时就需要班主任老师介入,并进行调解。

♻️ **对话策略**

一、深入分析,追根溯源

　　小洁一向做事认真,但当她的表现未按预期改善时,指导老师选择了严厉批评的方式。虽然这种策略可能是出于好意,希望能激励学生做出改善,但是往往适得其反。这不仅加剧了学生的压力,还引发学生的逆反心理。为了增加小洁的舞台经验,提高她的自信心,指导老师安排她在各班进行巡回表演。然而,如果缺乏对学生心理状态的适当关注和支持,仅凭这种实践策略,其效果就会大打折扣。

二、柔性教育,解开心结

为了解开心结,我约了小洁进行沟通。在我的安抚之下,小洁终于吐露了心声。她表示,指导老师非常严厉的教学风格与班主任老师的柔性教育方式截然不同,让她感到非常不适应。因此,她每次见到指导老师都格外紧张。遭到训斥后,这种紧张情绪更是形成了恶性循环,导致她从内心开始排斥老师的指导。小洁虽然想表达真实想法,但是心存疑虑,因此一直没有给指导老师回信。

我劝解小洁道:"老师辛辛苦苦辅导了你那么长时间,你理应心存感恩。如果有需要和老师探讨的问题,就直接表达你最真实的感受吧。正如亚里士多德所说,'吾爱吾师,吾尤爱真理'。"小洁接受了我的建议,答应会给指导老师写一封信。

三、关键对话,共同成长

几天后,指导老师拿着手机走到我面前说:"我终于收到了你们班小洁的信,你看看。"信的内容相当详尽,其中写道:"老师,非常感谢您传授给我许多演讲的知识和技巧。您让我在班级中展示自己,即使这个过程中有些丢脸,那也是我的责任。起初,我能够接受您的批评,但随着时间的推移,我越来越难以承受,感觉十分受伤。老师,您与我们班主任的教育风格截然不同,而我更容易接受她的方式……在信的结尾,我仍然想向您表达我的感激之情,同时也感到一丝愧疚,因为我未能全力以赴,没有达到您的期望。在这个过程中,我们之间产生了一些摩擦。这次经历虽然让我感到痛苦,但是也让我认识到了自己在面对压力和公众演讲时的不足。我想告诉您,我虽然被替换出了比赛,但是并未放弃。我已经决定将这次失败视为一个学习的机会,继续提升自己的公众演讲能力,并学会如何在压力下更好地管理情绪。"

"亲,您没生气吧?孩子非常真诚地表达了自己的想法。"我对指导老师说。指导老师笑着回应:"你太小看我啦,我哪有那么小心眼!来看看我的回复,我也是很真心的啊!"

看着老师的回复,我心里涌起一股暖流。其中两条留言让我印象深刻。一条是"你很优秀,假以时日,你会比学姐还要优秀,这是肯定的!在这么短的时间内,你能领悟并表现得这么好,远超过我以前带过的选手,这从你前两天代表班级在国旗下所做的演讲就能看出。以后还会有很多活动,我还想带着你一起参加呢"。另一条是"我也在反省自己,希望能适当减小批评的力度"。

四、搭建平台,重拾自信

在后续的教育教学中,我有意识地为小洁搭建更多锻炼的平台,帮助她重塑信心。经过一段时间的努力,她忘词卡壳的现象有了显著改善。为了进一步锻炼小洁,我鼓励她参加国旗下的演讲。为了确保这次演讲的成功,我耐心地陪她一遍遍练习,还为她录像,让她能够看到自己的精彩表现。当国旗下的演讲圆满结束后,小洁凭借出色的表现赢得了在场师生热烈的掌声。升旗仪式结束后,小洁兴奋地飞奔回教室,紧紧拥抱了我,并激动地喊道:"世界第八大奇迹就是小洁没忘词! "

📊 对话成效

小洁演讲失利这一关键事件由最初的创伤事件转变为成长中的转折点。重拾自信后,小洁积极参加了市高中生辩论赛。她与团队成员共同努力,最终摘得了桂冠。此外,她还在高等教育出版社"旅游诗词文化"慕课平台上担任了学生导游员,其出色的表现赢得了广泛好评。

小洁的故事提醒我们,教师拥有一定的知识,但并非真理的化身。只有尊重和关爱学生,与学生进行平等的交流,才能更好地引导他们去追求真理。一封写给老师的信,让学生得以袒露心声,也让师生双方都有机会反躬自省。在真诚的对话中,师生共同追求真理,实现了共同成长。

安全教育

骨折事件发生后

事件描述

在招聘乘务人员时,航空公司对身体的裸露部位有明确规定,不允许有明显疤痕。鉴于这一要求,对于航空专业班级,我们在高二下学期至高三上学期这一关键学习阶段,持续加强对学生的安全教育,特别注重预防可能导致身体严重外伤的事故,以保护学生身体免受伤害。若学生在此期间出现严重外伤,疤痕往往难以恢复,这将影响他们未来参加航空公司招聘的成功率和高考专业测试成绩。因此,班级特别规定,在航空公司招聘和高考专业测试前的课余时间里,学生不得参与如打球等可能引发外伤的活动,以确保身体的完好无损。

高二下学期的某天中午,我正在班里处理事务。高大壮实的小宇满头大汗地跑进班里,说阿亮打篮球时摔倒了,手和脚踝都疼。我在心里感慨:真是怕什么来什么。赶到操场时,我见阿亮坐在地上,他脸上痛苦的表情中夹杂着歉意的笑容,而我内心却五味杂陈,最不愿看到的情况还是发生了。我按照学校处理安全事件的流程上报了校医、主管领导,并通知了阿亮的妈妈,随后将阿亮送到了医院。检查结果显示他的手腕骨折、脚踝骨裂,需要进行手术。

阿亮在这个关键时期需要进行手腕和脚踝的手术,这一变故不仅预示着他未来的人生轨迹会因此发生改变,还提醒我们班级必须进一步加强安全教育,以适应新的情况。

事件分析

阿亮既担任班干部,又是校学生会的一员,完全符合航空空乘人员的招聘标准。他不仅心地善良、待人热情,还擅长与人沟通,情商高,同时做事干脆利落、条理清晰。阿亮对空乘职业怀有憧憬。然而,由于他对篮球的热爱,参与篮球活动时面临的潜在风险较大。因此,我多次提醒他要从职业发展的角度出发,注意安全,保护好自己,以免因运动伤害影响未来的职业道路。

阿亮生活在单亲家庭,由妈妈独自抚养长大。在朋友的建议下,妈妈决定让阿亮学习空乘专业,希望这能为他带来稳定的工作和生活保障。然而,这次骨折手术后需要 3 个月才能恢复基本生活,并且一年后还需要进行钢板取出手术。这不仅打乱了他的正常学习计划,还会使他错过当年航空公司的招聘和高考专业测试。即使将来取出钢板,阿亮的脚踝也无法承受航空公司所要求的体能训练和测试强度。同时,手腕部的手术疤痕在近期内也会影响他的应聘。总之,阿亮在近几年内可能无法从事空乘工作。针对这些,我们需要详细地向阿亮的妈妈进行说明,并分析这些潜在的后果。

对阿亮而言,在接下来的一年内,他不仅面临着无法正常上学的困境,还要承受病痛带来的折磨,更要应对换专业、换班级及改变高考方式的巨大变动。具体而言,骨折导致他不得不放弃喜爱的空乘职业道路,转向其他专业领域。这一变故不仅改变了阿亮在班级中的人际关系,让他与那些相伴两年的高中好友再也无法一同上下学,再也无法共同享受打球的乐趣,还迫使他不得不调整对未来生活的诸多计划。

当得知阿亮骨折的消息后,部分学生对这一事件的严重性缺乏充分的认识,他们简单地将其视为"生病—治疗—恢复—继续上学"的流程,因而仍偷偷地去打篮球,这显示出他们的安全意识亟待提升。尤其是身为航空专业的学生,未来所从事的职业与安全紧密相关,如果不能从这次事件中深刻吸取教训,那么将对未来的职业生涯产生不利影响。因此,我们需要在整个班级范围内,以此次事件为鉴,进一步强化安全教育。

对话策略

一、集体对话,强化安全意识

安全教育涵盖了两大方面:一是安全预防教育,二是安全事件应对的后继教育。此次事件的发生及发生后学生的反应充分暴露出学生们的安全意识尚未得到充分强化,思想上还存在一定的懈怠。为此,我们在班干部、热爱篮球的学生群体和全班范围内分别展开了不同层次的对话与沟通。

在班干部群体中,我们共同学习了学校和班级的安全规章制度,随后要求班干部自我检查在安全管理工作中存在的不足,并提出相应的解决策略,以确保他们在班级活动中能够发挥安全管理的引领和示范作用。同时,我们还要求班干部在同学遇到安全问题时能够明晰处理问题的基本流程。此外,除了明确班主任的安全管理责任之外,我们还指定了负责处理班级安全事件流程的学生干部,以确保安全工作的有序进行。

在与热爱篮球的学生交流时,我与他们就阿亮骨折事件交换了看法,并就预防措施及替代方案等方面进行了深入的探讨。最终,我们达成了以下共识。

(1)虽然运动对身心健康至关重要,但是必须适度,特别是在即将面临航空公司招聘和高考专业测试的关键时期,同时要严格控制运动的频率。

(2)我们要从这次事件中吸取教训,在进行对抗性运动时降低激烈程度。

(3)我们应遵循不易造成严重伤害的原则,积极探索其他更为安全且可靠的运动方式。

在全班范围内,我们对阿亮骨折事件进行了全面复盘,旨在找出降低乃至避免类似安全事件发生的关键因素。班会上,同学们纷纷对标自己的安全行为,以此为戒,深刻反思。同时,我们还群策群力,商讨并完善了班级的安全管理制度。我们强调,每位同学都要对自己及他人的安全负责,以职业要求为标准,严格要求自己的安全行为,确保类似事件不再发生。

二、与阿亮对话,吸取教训,明确今后方向

面对疼痛难忍的阿亮,当谈及骨折给他带来的种种变化时,我确实于心不忍。在阿亮即将出院之际,我与他进行了这次谈话。

谈话中,阿亮显然已经深刻意识到骨折所带来的连锁反应,对当初执意打球而忽视安全问题感到无比后悔。然而木已成舟,他明白除了勇敢面对现实,别无他法。我注意到,他对即将转入的酒店管理专业心存顾虑,担心在复习文化课的同时还要补习大量的专业课。于是,我鼓励他勇敢迎接挑战,主动去了解新专业,并建议他借阅相关书籍以便提前学习。我还提醒他,虽然新专业对身体上的疤痕没有特殊要求,但是作为服务类专业,需要频繁为客人服务,如端菜,因此他需要特别小心养护手腕和脚踝的伤口,以免对未来的职业活动造成影响。我再次强调了这次骨折事件的教训,让他务必重视安全问题。

这次谈话取得了实效,成功安抚了阿亮的情绪。

三、与家长对话,沟通处理流程

安全事件发生后,明确责任方是不能回避的部分。阿亮妈妈认为,由于该事件发生在校园内,学校应承担全部责任,包括学生平安保险和社会医疗保险报销后的所有剩余费用。在详细与阿亮妈妈沟通了安全事件发生的时间、学校及班级的规章制度和事件处理的全过程后,我将家长的意见以书面形式上报给了学校,充当了家校之间沟通的桥梁。最终,在双方各自的责任范围内,我们妥善解决了骨折事件的后续事宜。

📊 对话成效

经过骨折事件后的多次深入对话,各方深刻认识到安全无小事,只有确保安全,各项事务才能顺利推进。值得庆幸的是,康复归来的阿亮并未陷入颓废,他迅速调整好心态,积极应对生活中的各种变化。在校园中,他还主动承担起了社团管理工作,协助学生管理处老师策划并组织了多项丰富多彩的学生活动。历经职教高考的考验,阿亮顺利升入了高职院校,并继续成为辅导员的得力助手。虽然他未能与高中同学们一同成为空乘人员,但是这次改变他人生轨迹的骨折事件深深烙印在阿亮和同学们的心中。每当谈及此事,他们都会相互提醒,在职在岗时必须时刻保持安全意识,因为安全是确保人生和职场顺利进行的"压舱石"。

真正的少年意气风发

📝 事件描述

一天课间，我一走进教室就察觉到班里的气氛有点怪。一群男生正围着昊天热烈地讨论着什么，一见我进来，他们立刻一哄而散，各自回到座位上，但仍不老实地挤眉弄眼。与此同时，女生们则围在眼眶泛红的晓璇身边，叽叽喳喳地安慰着她。面对我疑惑的眼神，女生们七嘴八舌地向我告状。原来，身为校卫生部干事的晓璇去对面班级进行例行卫生检查，并反馈了该班级的卫生问题。一群男生嫌她多管闲事，趁机起哄，半真半假地把晓璇"轰"出了教室，还在门口你一言我一语地说着风凉话。这一幕恰巧被路过的昊天看见，他二话不说，拿起拖把就冲向对面教室。男生们见昊天来势汹汹，立刻关上了教室门。昊天在门口举着拖把"叫嚣"了几句后，便在我班男生的簇拥下得意扬扬地"胜利返回"。我走进教室时，男生们正一起回顾着昊天单枪匹马挑战隔壁男生的"高光时刻"，难怪昊天一脸红光。

🔍 事件分析

昊天平时在班级里的表现并不突出，偶尔会有迟到或上课时打盹的情况。虽然学习动力不足，但是他并非调皮捣蛋、惹是生非之人，可以说相当低调。然而，他这次高调地做出"英雄救美"的举动，确实让人感到意外。显然，他自己也很享受这种万众瞩目的感觉，虽然极力掩饰，但是得意之情仍溢于言表。观察班级里的其他人，同样处于集体狂热的状态，尤其是男生们，更是一脸跃跃欲试的兴奋。见此情景，我心中不禁警钟大作。

就整体特征而言，青少年正处于生长发育阶段，在心理和生理上都尚未完全成熟，同时他们的心理和情绪变化复杂且极不稳定。他们通常精力旺盛、活泼好动，但安全意识相对淡薄，因此很容易发生安全事故。在这次事件中，表面上看，似乎是昊天仗义出手并占据了优势，但实际上，如果对方班级的男生不肯善罢甘休，这一事件就很容易升级为群体斗殴。

据我所知，就昊天个人而言，他虽然体形偏瘦、个头中等，但是由于平时练习过拳击,偶尔还在假期客串婚庆舞狮,因此武力值较高。在少年血气方刚的冲动之下,他之所以敢于一人单挑隔壁班的众多男生,是因为自觉有所倚仗。回到班级后,男生们纷纷称赞他:"昊天,你太帅了!""真牛!"女生们也有意无意地投来关注的目光,这让昊天沉浸在一片赞美声中,显然没有意识到自己的冲动与莽撞。同时,班级里的其他同学也因为气愤自己班级的同学被欺负,理所当然地赞同要通过"以牙还牙,以眼还眼"的方式来震慑对方,同样没有意识到这次事件的潜在隐患。

🕸 对话策略

我意识到,必须及时与同学们一起深入剖析这次事件,引导他们从胜利的狂热状态中冷静下来,共同进行冷静、理性的分析,并提升他们的安全防范意识,以防止因少年意气而冲动行事。

一、同理心融入,演绎法引发思考

面对一双双充满狂热的眼睛,我也连忙加入了赞美的行列。对于我这种"识时务"的表现,大家显然很满意,并且都感到十分骄傲。在获得大家的接纳后,我故作疑惑地问道:"话说对面班的男生们是不是挺怂的啊?昊天一个人举着拖把冲上去,他们竟然没敢开门?"大家最初的反应是哄堂大笑,尤其是男生们,纷纷吹嘘道:"那是,我们天哥神勇无敌,他们都被吓破胆了呗……"还有男生不甘寂寞地喊道:"天哥打头阵,我们后边跟上,看他们还敢不敢欺负人!"我接着说道:"哦,那让我设想一下,有两种情况:一是对面班的男生不怂了,开门和昊天或者是我们班的男生对打,结果嘛,大家自行脑补一下;二是对面班的男生继续装怂,我们班男生们拿着拖把当武器聚集在走廊里,引起更多人围观。当然,无论哪种情况发展下去,都会是兴师动众的架势,然后就会……"

终于,有较为清醒的女生反应了过来,她惊呼道:"然后就会惊动学生管理处的老师,大家一起进学生管理处挨批评……""进就进,我们也有理,是他们先欺负人的!"有同学不服气地小声嘟囔。教室里原本热闹的气氛逐渐冷却下来,大家都陷入了沉思。我趁机鼓励每个人都好好思考,并随意发表自己的看法。虽然我全程没有发表评论,但是大家说着说着就开始互相辩驳、论证,无须我刻意引导。虽然仍有个别不服气的声音,但是明显已经势弱。在狭窄的走廊上闹出如此大的动静,学生管理处的老师不可能不察觉。一旦进了学生管理处,虽然对方理亏在先,但是我们这种"以暴制暴"的行为也并非全然占理。有同学进一步推断,即使没有学生管理处的约束,双方也会想办法避开校内冲突,转而可能发生更大的校园外

"约架"事件。这样事态必然会升级，引发的后果更加可怕且不可控。

二、还原情境，寻求事件最优解

我暗自感到欣慰，这次事件中的隐患在同学们的讨论中逐渐变得清晰。果然，冷静下来的思考更为深入。但"解铃还须系铃人"，我邀请昊天与晓璇这两位当事人来详细还原事件的情境，随后大家一起有针对性地进行深入思考：对面班的男生闭门不出，除了可以解释为"胆怯"之外，还可能意味着什么？他们这样对待晓璇，其中起哄玩闹的心理到底占了多大比重？在解决问题与宣泄情绪之间，哪一个更为重要？对于少年意气，我们应当如何给予正确的诠释？

在我的引导下，晓璇和昊天对这次事件的描述逐渐变得理性且客观，大家也基本上达成了共识。对面班男生的行为，其实主要是受到了一种凑热闹、起哄的从众心理驱使，其特点可以概括为"伤害性不大，但侮辱性极强"。他们也意识到了自己理亏，因此选择了闭门不出的消极应对方式。今天的事情得以平息，很大程度上要归功于对面班男生的"怂"，这才使得事态没有进一步恶化。

我进一步引导大家集思广益：如果事件重演，那么我们应该如何行动，才能让对方承认错误，同时又不留下群殴的隐患呢？大家提出了各种建议，如请学生管理处老师介入、与他们讲道理并要求当面道歉、暂时搁置矛盾以待双方进行"高层对话"……这些主意虽然五花八门，但是都无一例外地遵循了"解决问题比宣泄情绪更重要"的原则，大家一致摒弃了一时冲动的"以暴制暴"方法。

三、积极沟通，化干戈为玉帛

采纳了大家的意见后，我与对面班级的班主任进行了充分的沟通与交流。随后，在班主任的主持下，我们安排了当事双方利用自习课时间进行会面，互相检讨了各自的问题。同时，对面班级的男生也向晓璇表达了诚挚的歉意。当时，正值校内笼式足球循环赛期间，我和对面班级的班主任提议并组织了两个班级的足球队进行友谊对抗，利用课余和自习课时间在球场上切磋球技，以此将多余的精力和体力通过正规途径进行充分释放。青春期的男孩们很容易在共同热爱的集体活动中打成一片，因此之前的小芥蒂也在球场上的较量、英雄相惜的称兄道弟中逐渐烟消云散了。

📊 对话成效

校内笼式足球赛结束了，我班男生在半决赛中技逊一筹，遗憾败北。当带着失落的心情回到教室时，他们惊讶地发现，女生们不仅提前准备了点心和水果以示犒劳,还在黑板上为每位男生写下了一句鼓励的话语。黑板正中央,赫然写着两个大字——"男神"。我代表女生们发表感言:无论胜负如何,你们为了班级荣誉而奋力拼搏、不懈努力的身影,都已然深深地烙印在女生们的心中,你们就是女生心目中当之无愧的"男神"!

那天,整个教室里热闹非凡,昊天他们几个主力队员更是被簇拥在人群中成为众人瞩目的明星。班级的凝聚力和向心力在这一刻显得尤为强烈,几乎满溢而出。我们拍摄了许多合照,每一张照片上的男孩女孩们都神采飞扬,展现出少年们的意气风发。这样的场景,真好!

足球赛冲突

　　终于，冠亚军之战的日子到来了。在双方激烈角逐的过程中，对方球员因求胜心切，不慎一脚踹在了小冰的肚子上，导致她疼痛难忍，倒地不起。队员们目睹这一幕，义愤填膺，认为对方是故意为之。而对方球员则坚称这只是球场上正常的身体接触，并无大碍。在这血气方刚的年纪，双方队员的情绪都异常激动，语气不善，气氛瞬间剑拔弩张。幸运的是，老师们都在现场并进行了及时制止，避免了肢体冲突的发生。然而，看着场上场下双方互相撂狠话的样子，显然这场争执不会轻易平息。

　　当天晚上，小冰的妈妈还打来了电话，语气中透露出明显的不满。

🔍 **事件分析**

　　学生们因同伴受伤而情绪激动，缺乏理智思考和有效的应对方法，进而导致了冲突的发生。这种情况属于班主任工作中突发事件的处理范畴，涉及学生的思想教育、安全教育及家校沟通等多个方面。

　　从球队成员的角度来看，他们团结友爱，集体荣誉感强。自组队以来，成员们积极响应报名，展现出高度的热情。女生小冰因为在初中时参加过足球集训，具备一定的基础和技巧，加之性格和善，所以成为团队中的核心成员。在赛场上，当目睹小冰受伤时，队员们本就心情沉重，而对方球员的态度不够友善，更是刺激了他们的情绪。此外，小冰还是团队核心成员，一旦受伤可能会影响后续比赛。虽然我一直向他们灌输"结果不重要，重在享受比赛过程"的理念，但是对这些胜负欲较强的孩子来说，经过长时间的训练与拼搏，胜利已近在咫尺，冠军成为他们心中的执念。因此，心疼队友、担忧赛事等多重情绪交织在一起，导致他们在赛场上难以抑制冲动。

　　从班级管理的角度来看，学生的安全意识不强。虽然在比赛前已经强调了安全第一的原则，但是由于学生们并非专业的足球运动员，在面对突发危险时，往往难以迅速做出反应来规避伤害并保护自己。此外,学生们在解决问题的有效策略上也显得不够明确。正处于热血的年纪,他们遇事容易冲动,部分学生的法律意识相对淡薄,有的甚至秉持着"能动手就不动嘴"的错误观念。这种处理问题的方式不仅无法解决问题,还可能激化矛盾,使问题进一步升级。因此,这次事件为我们提供了一个宝贵的教育契机。

从家校沟通的角度来看,当孩子受伤时,家长难免会因担心孩子的健康状况而产生情绪波动,这是完全可以理解的。在处理小冰受伤这一事件时,我们应当始终秉持以学生为中心的原则,多站在家长和学生的角度进行安抚,从而努力且妥善解决问题。

 ## 对话策略

一、以学生为中心,及时救助

任何时候,学生的安全都是第一位的。因此在小冰受伤后,我马上赶到球场,询问孩子的伤势,并不断安抚她,让她不要紧张。一直守候在赛场外的校医立即上前查看小冰的受伤情况。对小冰进行了初步检查与伤势问询后,校医建议前往医院做进一步检查以确保安全。于是,我和校医一起陪同小冰来到医院,同时及时通知了家长。在得到家长的同意后,小冰在医院接受了检查。幸运的是,孩子并无大碍,医生嘱咐她近期要好好休养,同时避免剧烈运动。

二、多方沟通,解决矛盾

在小冰受伤后,我因为要陪她前往医院,所以安排同学们先返回教室休息。同时,由于担心球队成员的情绪状态,我联系了学校的心理老师帮忙安抚并疏导大家的情绪,以确保不会出现任何问题。

在确保小冰无大碍后,我主动联系了对方球队的班主任,就如何妥善解决这一事件进行了沟通。最终,我们双方达成了一致意见。首先,各自安抚班级同学的情绪。其次,虽然球场上的肢体冲突时有发生,但是鉴于已有同学受伤,即使不是有意为之,作为造成伤害的一方,对方球员也应向小冰同学道歉。同时,涉及学校赛事和学生安全,学校领导也很重视。经过和同学们的协商,学校决定暂停球赛,并将双方上半场的成绩作为决赛的最终成绩。为了修复两个班级同学之间的友谊,学校计划在我们班的小冰同学康复之后,举办一场足球友谊赛。这一决策得到了同学们的广泛支持。

三、家校沟通，共同育人

孩子受伤后，家长难免会感到担心，甚至气愤。因此，在与小冰妈妈沟通的过程中，我一直都在试着换位思考，认真倾听她的情绪，并以妥善解决问题的态度去安抚她。小冰妈妈看到了学校积极应对的态度，也了解到了我们在孩子受伤后所采取的一系列措施，同时也清楚球场上的冲突有时是难以避免的。因此在情绪发泄后，她逐渐平静了下来。与此同时，我也适时地引导家长，强调在教育孩子的教育过程中，必须引导孩子树立安全意识。

四、平行教育，增强安全意识

运用马卡连柯的平行教育原则，我们将此次事件转化为一个宝贵的教育契机，在班级内组织了一次主题班会。在主题班会上，我们着重对学生进行安全教育，强调尽最大努力保护自己免受伤害。同时，我们也向学生传授了正确解决问题的方法和策略，教导他们在遇到冲突与矛盾时如何有效地化解矛盾、处理危机，而不是采取以暴制暴的方式。我们的目标是让学生真正学会做事，学会共同生活。

📊 对话成效

男孩子的友谊很纯粹，事情结束的第二天晚上，我们球队的队长便告诉我，他们和对方球队和好了。我对队长解决问题的能力感到欣慰，同时也对他们的和解速度感到好奇。队长悄悄告诉我："男生嘛，体育场上也可以见高低的。我们两个宿舍进行了一场五人制篮球赛。结果，我们完胜了他们！"小冰是一个性格豁达、不拘小节的姑娘。身体康复之后，她也爽快地参加了高中阶段的最后一场足球友谊赛。

安全教育不仅是学校教育的重中之重，还是学生成长过程中的核心要素之一。在处理与安全教育相关的事件时，我们必须秉持以学生为中心的原则。此外，在班主任的日常班级管理工作中，应系统性地规划并实施安全教育和法治教育，增强学生的安全意识和法律意识，使他们能够在突发事件中学会最大限度地保护自己，并且懂得利用合法合规的途径来妥善解决冲突与矛盾。

守护青春，守护明天

📝 事件描述

学生处接到了学生的反馈，得知高一女生小溪在网络平台上晒出了自己与一位男性友人的合照。照片中，小溪穿着暴露且化了浓妆，这与学生的身份不符。而那位男子看起来比较年长，不像是她的同学。得知此事后，学生处的老师迅速与小溪的班主任和家长取得了联系。经过了解得知，小溪的父母因工作繁忙而经常不在家，导致小溪缺乏关爱。因此，小溪在网上结识了一位比自己大3岁的外地男友小军。某一天，小军借工作之便与小溪会面。幸运的是，小溪具备一定的防范意识，没有让事态进一步恶化。了解到这一情况后，小溪的父母感到十分后怕，后悔没有给小溪多一些关爱，多一些青春期的安全教育。

🔍 事件分析

青春期安全教育是一个非常敏感的话题，因此在学校的班级集体授课中，班主任很少会专门讲授。而在家庭中，能够适时且全面地讲解两性教育的家长也在少数。对于15～18岁的学生而言，他们中的一些人经历了青春期的变化，步入了更加独立和隐秘的后青春期阶段，往往表现得较为羞涩，对家长的教育要么心不在焉，要么产生抵触情绪。在青春期的安全教育方面，中职学生面临的社会诱惑较多。一旦父母疏于管教，他们就容易沾染不良行为，结交不良青年。此外，通过非正规渠道来获取两性知识，不仅可能对性健康产生不利影响，还可能引发一系列安全问题。

👥 对话策略

一、直面问题，积极担责

首先，学校和家庭必须认识到两性安全教育是不可或缺、不可回避的教育内容，对孩子的成长至关重要。在两性安全教育方面，老师和家长都肩负着重要的教育责任。班主任已就此事在班级内举办了以"关于与异性朋友相处的注意事项"

为主题的专题讲座,并单独对小溪的父母进行了家庭教育指导。

其次,在青春期阶段,我们常常认为孩子已经长大了,独立了,不再需要过多说教了。然而,这一时期的孩子需要深入了解避孕知识、疾病传播和防侵害意识等方面的话题,否则一旦发生问题,后果将十分严重。因此,我们绝不能掉以轻心。

再次,面对孩子的抗拒和回避,我们需要有所准备,积极学习沟通技巧,避免硬性灌输,以免影响亲子关系并挫伤孩子的自尊心。我建议小溪的父母不要一味地指责小溪,而应耐心地了解情况,向她强调后果及可能的危害,对某些敏感问题点到即止,以维护好小溪的自尊心。

二、先学后教,善用资源

无论是学校还是家庭,在面对两性教育问题时,往往难以确定讲什么、怎么讲,因为当前没有统一的教学标准。因此,老师和家长们需要先广泛搜集资料并深入学习,然后结合孩子的实际情况进行有针对性的教育。当孩子提出某些性方面的问题而家长一时难以回答时,可以坦诚地说:"我暂时还不太清楚这个问题,先去学习了解一下,然后再回答你,好不好?"家长还可以委婉地表示:"我现在不太方便回答这个问题,过会儿再给你详细解释,好吗?"家长在回答时感到羞涩,也可以诚实地告诉孩子:"我有点不好意思直接讲,要不你先看看相关的书籍,或者去找其他人问问?"此外,异性家长之间可以进行分工合作,如小溪的爸爸和妈妈就采取了这样的方式。小溪的爸爸主要负责强调危险和底线,而妈妈则找机会向小溪讲解疾病风险和防范措施。同时在班主任老师的指导下,他们还向小溪推荐了相关的书籍和视频课程,让小溪去学习。

三、巧借时机,智慧沟通

当孩子还小的时候,我们的回答方式倾向于点到即止,依据他们的提问给予必要的回应,而不主动提供更多的信息。一旦孩子有了关于性的意识之后,我们必须积极介入,抢占教育的先机,确保在他们可能受到同龄人或网络等不良信息误导之前,向他们传授系统而准确的知识及正确的行为原则。面对一些适宜进行性教育的特殊时刻,我们要紧紧抓住。例如,当孩子主动说:"男人和女人在性行为方面是怎样的?某个词(指描述性行为的词汇)具体是什么意思?同学们在讨论谁和谁发生了性关系"等敏感话题时,我们应顺势而为,全面而深入地为孩子讲解与性行为相关的知识,让他们能够一次性获得清晰、准确的理解。

得益于及时发现与恰当引导,原本可能因孩子的好奇与困惑而引发的小问题,反而成为家长与孩子之间增进沟通、加深理解的契机。这一过程不仅有效避免了潜在的误解与冲突,还进一步促进了家庭关系的和谐,营造了充满关爱与支持的成长环境。

对话成效

借着这次风波的契机,班主任与家长携手对小溪进行了"预防侵害、保护隐私"的教育。事后,家长不仅没有惩罚或责怪小溪,还耐心地为她讲解了避孕知识和识别坏人的方法,并在交友方面对小溪提出了明确要求,告诫她不得擅自做决定,以免暴露隐私或伤害自己。在此过程中,小溪深切地感受到了家长的关爱,同时也意识到了问题的严重性,郑重保证以后会多与家长沟通与交流。与此同时,学校也在全校范围内召开了校会,进一步强调了校园安全底线的重要性。这一系列举措,不仅为花季少女筑起了一道坚实的守护墙,还通过关键沟通为亲子之间搭建了一座信任的桥梁。至此,这场危机事件得到了妥善处理,并为未来的亲子关系与学校安全教育提供了宝贵的经验。

午休风波

📝 事件描述

    午休结束后，我刚走进教室，就听见调皮的小肖同学用阴阳怪气的语调说："哎哟，您可算来啦！您都不知道，我们今天中午是怎么被对面班级'虐'的。"原来，对面班级的学生午休时动静太大，干扰了我们班同学的休息。于是，班里两位一向性格泼辣的女生出去与对方理论，但由于态度不够友好，恰巧被对面班级的班主任郑老师撞见。郑老师随即批评了这两位女生的交涉态度，这让我们班的同学感到非常气愤，都期盼着我能为他们主持公道，去讨个说法。然而，眼看着上课时间就要到了，同学们依然情绪激动，同仇敌忾，整个教室异常喧闹。其实，对面班级今天之所以在教室试服装并产生了较大的动静，是因为他们正在为一堂公开课做准备，可以说事出有因。

🔍 事件分析

    事件的起因是对面班级的学生在午休时间因试穿公开课所需服装而产生了较大噪声，严重影响了本班学生的休息。由于信息不对等，本班的两位女生在出去与对面班级理论时，语气显得较为激烈。这种情绪化的表达方式恰巧被对面班级的班主任看见，她们因此受到了批评。这引发了本班学生的不公感和愤怒情绪，他们期望自己的班主任能够出面维护大家的权益。

    该事件暴露出学生间及学生与教师间沟通不畅的问题。由于不了解对方的特殊情况，本班学生的理论行为显得冲动且不合时宜。同时，这也体现了冲突解决时信息不对等和沟通不畅的普遍问题。

👥 对话策略

一、巧用共情，稳定情绪

    在这种情况下，本班班主任的对话策略显得尤为重要。上课在即，运用共情技巧来稳定学生情绪成为关键。在听完同学们七嘴八舌的诉说后，我微笑着说："哎，我太理解你们心里的愤怒了。要知道,咱们可是全校最能睡的班级,别的班级 12 点 45 分才开始午休,而咱们班级 12 点 35 分就已经进入梦乡了。作为高三年级,咱们的学习任务重、压力大,午休时能睡个好觉,实在是一件大事。今天午休被打扰,同学们心里不舒服,这是情理之中的。"听了我的话,同学们感受到了被倾听、被尊重和被关爱,大家逐渐平静下来。我接着说道:"你们是准备派我这五短身材的人去'挑战',还是让咱们班最威猛的小袁去'碾压'?"同学们听后都笑了。我接着说:"既然大家这么气愤,今晚的语文作业就改为写一篇关于如何'讨伐'对面班级的文章吧。咱们集思广益,看看能否找到最优的……"话还没说完,同学们就齐声惊呼"不要",小肖还冲我竖起了大拇指。我趁机说道:"看来,大家都觉得这个主意不太合适。那这样吧,咱们先好好上课,我抽空去找对面班级的郑老师了解一下具体情况,然后再给大家一个答复,大家觉得怎么样?"同学们一致表示同意,教室里立刻安静下来,大家开始安心上课。

二、了解情况,发出邀请

课后,我主动联系了郑老师,以便全面了解事情的经过,包括对面班级为何产生噪声、本班学生前去理论的具体情况及郑老师当时的反应等。通过郑老师的详细解说,我得知对面班级在午休时因准备公开课而换服装,这才导致了喧闹。郑老师对此表达了歉意,并指出我班两位女生在协商时态度强硬,缺乏礼貌。我随即就这两位同学的表现向郑老师表示了歉意。

此前,我曾与郑老师有约,邀请她结合自己的专业经历为我们班同学讲述她的大学学习生活。于是,我再次诚挚地邀请郑老师在有空的时候来我们班级进行交流,并就此次午休风波进行深入的沟通。郑老师欣然接受了邀请。

三、坦诚对话,冰释前嫌

郑老师如约而至,先就午休时因公开课试换服装而引发的喧闹事件向同学们做了详细说明,并表达了歉意。同学们在了解到这一特殊情况后,也纷纷表示了理解。随后,郑老师结合自己的大学专业学习经历,为同学们提供了许多宝贵的建议和指导。这次成功的对话不仅缓解了本班学生的愤怒情绪,还增加了他们对特殊情况的理解和宽容。此外,恰当的处理方式,不仅解决了班级间的冲突,还增强了学生之间的团结和班级之间的和谐。

四、图书分享,平行教育

当然,这也是一个宝贵的教育契机。为此,我特意安排同学们集体观看了《非暴力沟通》和《关键对话》的读书视频,旨在让同学们学习如何更加成熟地应对冲突和表达不满。大家观看后都深感受益匪浅。之前去对面班级进行交涉的两位女生也主动进行了自我反思,她们承认自己在沟通方式上的确存在问题,并表示今后会先以平和的态度全面了解情况,再理性地表达自身的诉求。

对话成效

我与本班同学的成功对话不仅及时缓解了本班学生的愤怒情绪,加深了他们对特殊情况的理解与宽容,有效化解了当前的冲突,还促进了学生之间的团结与班级间的和谐。这一过程成功地将"危机"转化为"机遇",让学生学会了如何以更成熟的方式处理冲突和不满。

午休事件中的关键对话进一步强化了师生间的信任。作为班主任,我能够有效地代表学生表达意见,同时指导他们采用正确的方法处理冲突,这也赢得了学生的信任与尊重。此外,我与对面班级的郑老师及其学生建立了良好的关系,使得后续的交流与合作更加顺畅。

总之,虽然这一事件起初是由一个小误会引发,但是通过有效的对话与沟通,我们不仅解决了眼前的问题,还提升了学生的社会交往能力,增强了班级乃至学校的整体和谐。这一案例成为校园冲突解决的典范,充分展现了理解、尊重与有效沟通在解决冲突中的重要性。

网络素养

网络"事故"变"故事"

📝 **事件描述**

　　清晨起床,我习惯性地先打开手机网络,查看一下微信消息。我"惊悚"地发现,我的班级群"大七盛世"旁边竟然显示着一个鲜红的数字——285！每天晚上临睡前,为了保障睡眠质量,我都会关闭手机的上网功能,仅保留通信功能以确保电话 24 小时畅通。这个醒目的数字意味着在班级微信群里竟有 285 条未读消息！我的心跳骤然加速,脑海中迅速闪过各种不祥的预感。我强忍着疑虑与恐慌,用颤抖的手点开了班级群,从第一条未读消息开始逐条查看,发现这些消息全都是无意义的表情包。原来是小骏和小蔡这两个淘气包在班群里灌水斗图！

🔍 **事件分析**

　　明确了并非我想象中的那些可怕的班级突发事件后,我松了一口气,心中既好气又好笑。小骏和小蔡在班级里向来扮演着开心果的角色,两人都是一样的活泼有余但定力不足,一听课就犯困,课堂上如同霜打的茄子一般萎靡不振。然而,一旦下课铃声响起,他们便立刻变得生龙活虎,各种搞怪逗乐,令人捧腹。由于性格讨喜,每当他们在课堂上开小差被老师当场抓住时,两人的应对策略也如出一辙。他们乖乖低头认错,满口"老师我错了",态度诚恳至极,但下一次依旧大错不犯、小错不断。他们很"聪明",深知底线不可触碰,而小错则可以"一笑而过"。老师们对他们也无可奈何,只能哭笑不得。久而久之,小骏和小蔡这两人就成了"惯犯"。他们总是踩着铃声走进教室,交作业时也总是打各种擦边球。反正,他们顶多只会挨点儿批评教育,不会"伤筋动骨"地挨处分。因此,他们自觉钻了校规和班规的漏洞,为此沾沾自喜,彼此之间也颇有"英雄惜英雄"的感觉。这一次半夜在班群里斗图,自然又是他们"亲密无间"的一次联手。我估计这时候他们正为自己的"壮举"扬扬得意呢,说不定连检讨书都已经准备好了。对他们来说,反正就是认个错,也没啥大不了的。

　　一直以来,作为班主任,我对小骏和小蔡这种打"擦边球"式的违规违纪行为感到十分头疼。然而,这两个孩子本性善良,犯错时还带着一丝未长大的天真,着实让人啼笑皆非。根据马斯洛需求层次理论,尊重和自我实现的需要作为高级需要,只有通过内部因素才能得到满足,并且一个人对尊重和自我实现的需要是无止境的。在同一时期,一个人可能同时存在几种需要,但总有一种需要占据主导地位,并对行为起决定性作用。小骏和小蔡的"上蹿下跳",其实反映了他们内心深处对他人关注、尊重和自我实现的潜意识渴求,只是由于能力有限,他们选择了错误的方式。因此,如果任由他们在这条错误的"表现"道路上继续"犯错—认错—再犯"的恶性循环下去,无疑会对他们的成长和发展造成不利影响。我们必须抓住时机,及时对他们进行引导和纠正。我揣摩着他们此时此刻可能的心态,意识到这次的网络斗图事件正是一个将"事故"转化为"故事"的绝佳机会,可以借此触动他们,引导他们正确认识网络,进而促进他们的成长和发展。

对话策略

我决定以此次"斗图事件"为契机来纠正小骏和小蔡这两个"惯犯"的行为。我通过引导他们正确认识网络环境来开展网络素养教育,逐步培养他们形成正确的成长观念,并帮助他们改掉生活中的不良习惯和错误认知。我相信,这将会是一条行之有效的教育路径。

一、头脑风暴,演绎事故

面对这次两人在众目睽睽之下犯下的"小错",我决定调整教育方式。我并未直接找他们两人谈话,而是先找班干部及他们周围的同学交流。大家的看法颇为一致,都对两人的恶作剧感到哭笑不得,同时也都愿意伸出援手,帮助他们深刻认识错误,从而达到重视并改正的目的。经过一番"头脑风暴",大家决定配合演一出好戏。

午休时间到了,正当小骏和小蔡进入梦乡时,他们的前后桌同学开始窃窃私语,同桌也故意在他们趴着睡的桌面上弄出些细微的声响。负责监督午休的班干部则在教室里来回巡视。这些举动让小骏和小蔡难以继续安睡,当他们略显烦躁想要发作时,那些同学立刻笑嘻嘻地小声道歉,随后恢复了平静。而当小骏和小蔡再次感到昏昏欲睡之时,新一轮的"骚扰"又悄然开始……当观察到他们即将忍无可忍、准备发火的那一刻,我走进了教室。不出所料,小骏和小蔡满脸委屈地纷纷向我告状:身为班干部的××,带头违反午休规定,虽然口头道歉了,但是并未采取实际行动;×× 缺乏公德心,影响他人休息,道歉也只是敷衍了事,根本没有真正意识到错误。我面带微笑地听着,不时点头表示赞同。

二、现身说法，明晰网络素养

等小骏和小蔡说得差不多了，我做了个手势示意他们停下，随后喊班长起身配合我。我问班长："班长，你听明白小骏和小蔡想要表达的意思了吗？"班长回答道："听明白了，就是做人要有公德心，还有就是小错不纠，必成大患。"接着，我吩咐班长走上讲台，通过百度搜索"公德心"的词条解释，并将搜索结果在大屏幕上放映给全体同学观看。

我让小骏将"公德心"的词条解释大声朗读一遍给全体同学听。随后，我说道："公共道德的行为规范有很多，小骏为我们指出了其中一条细微却重要的规范，即在公认的休息时间内管好自己的言行举止，避免做出打扰他人休息的事情，对吗？"在得到大家的齐声回应后，我注意到小骏和小蔡脸上露出了若有所思的神情。于是话题一转，我继续说道："其实，今天的午休风波是我和班里部分同学联手上演的一出戏。感谢小骏和小蔡，作为这场戏中真实的'受害者'，你们的反应让大家深刻体会到了在公共场合不遵守公共道德的恶果。因此，在请你们原谅那些'演员'的同时，我也想借此机会提醒大家，无论是现实生活中的公共空间，还是网络这一虚拟却同样作为公共空间的领域，都需要我们严格遵守公共道德。就拿昨晚来说吧，我猜想咱们班群里那些开启了网络消息提示的同学，可能都没能睡个好觉。毕竟，在夜深人静之时，几百条消息的提示音会更加扰人清梦。"

看到两人羞愧地低下了头，我深谙"响鼓不用重槌敲"的道理，特别是在这样的场合下，适度的提醒对他们来说已经足够。接下来，我需要给他们留出空间，让他们自我反省。于是，我点到为止，并未继续深究。我拿起白板笔，将"只有遵守社会公德的人，才会被人们所尊重；而那些违反社会公德的人，将被人们唾弃和耻笑"这段话着重标记出来，并说道："我觉得刚才小骏和小蔡的建议很好。很多时候，我们犯下的小错虽然未达到制度或法律惩罚的程度，但是小错不纠，必成大患。就我们自身而言，若纵容小错而不加改正，久而久之，必将遭到群体的唾弃与耻笑，不仅使个人形象受损，还是对自我成长的扭曲。特别是在网络环境中，虚拟的网络空间更容易让人迷失方向。因此，网络素养相较于现实中的公共道德，其重要性不言而喻，同时也更容易被忽视，需要我们更加重视并认真对待。"

三、发挥特长，为成长赋能

事后，我把小骏和小蔡叫到了办公室。出乎两人意料的是，我完全没有提及昨晚的"斗图事件"，而是延续了之前的话题。我诚恳地邀请他们发扬服务精神，在下周一为同学们主持一场以"网络公德心之我见"为主题的班会。我对他们说："小骏，你脑子灵活，精力旺盛，负责在网上搜集一些资料和图片，最好是那些喜闻乐见、通俗易懂的内容；小蔡，你口才好，就负责讲解部分，给大家好好科普一下网络素养，以及如何维护网络公德。你们俩亲密无间地合作一把，让同学们都跟着受益，好不好？"

📊 对话成效

小骏和小蔡以极大的热情投入班会的筹备工作中，他们经常跑到办公室或利用放学后的时间通过微信与我交流，征求我的意见。在那次班会上，小骏和小蔡不仅清晰地界定了网络公共环境的概念，还广泛涉猎了网络文明用语、网络安全浏览注意事项等与青少年密切相关的网络教育内容。事后，我们还在学校官方微信网站上发布了相关的微信稿，小骏和小蔡的名字赫然出现在撰稿人一栏，两人的自豪和喜悦之情溢于言表。至少在那段时间里，他们犯小错的频率明显降低。

从那以后，虽然我们都很默契地再也没有提起过"斗图事件"，但是我们班的班级群里再也没有出现过灌水帖。此外，同学们的网络用语还明显变得更加文明，更有文化味儿了。

小骏和小蔡所展现的"活力无限"，其实更多的是青春期孩子对尊重和自我实现需求的自然流露。我抓住时机，为他们提供合适的渠道并加以引导，这样的做法自然会在他们身上有所体现和触动。网络素养的教育也并不总是需要直截了当，有时候适当迂回一下，将网络"事故"转化为"故事"，以此为契机，或许真的能够撬动某些偶尔偏离轨道的"小行星"，使它们重回正轨。

杜绝危险游戏，共筑平安校园

📝 事件描述

上午的第一二节课是我的专业课。刚结束第一节课，我就接到了拍摄学籍网照片的通知，于是迅速组织班级学生前往拍照地点。路上，学生们显得有些兴奋，要跟我分享一个既有趣又刺激的"小魔术"。我们很快抵达了拍照地点，发现还有一个班级在我们之前等待拍摄。学生们在尽量保持队形的同时，半围着我，跃跃欲试地想要开始他们的"表演"。于是，顽皮的女生小艺、体育委员小哲和点子多的子涵在大家面前开始了"表演"。小艺站在我面前，小哲站在小艺身后，而子涵则在一旁一边想参与，一边似乎有些欲言又止。我刚想问是否可以开始，但见大约过了 20 秒，小艺的脸色突然变得红涨，随后整个人瘫软倒地。子涵迅速接住她的头部和上身，掐住人中，而小哲则协助将小艺的身体放平，并立即开始连续拍打她的脸颊（这套动作行云流水，显然他们已经不是第一次这样做了）。在我目瞪口呆时，过了大约半分钟，小艺缓缓睁开了双眼，并迅速恢复了状态，再次站到了我的面前。"老师，你能揭秘这个魔术吗？敢不敢试一试？打脸一点也不疼……"她笑着说道。

🔍 事件分析

我立刻意识到，这可不是一个简单的"小魔术"，如果控制不当，就可能会变成一场"死亡游戏"。于是，我当场以先完成拍照任务，回教室后再进行交流为由，阻止了她们再次尝试，同时也劝阻了前面班级中几个好奇心重的孩子参与进来。

经过深入调查，我了解到事件的起因是小艺在初中时期的一些顽皮朋友通过网络接触到了一个"刺激性游戏"，并认为这是一个新出炉的惊喜。在周末放假回家时，他们把这个游戏教给了小艺等几名同学。小艺她们几个本就贪玩，又在学校封闭学习了一周，终于接触到了一个既新奇又能吸引他人注意的"小魔术"。于是，她们向这些朋友"取经"后，将这个游戏带回了学校。这个"小魔术"迅速激起了同学们的好奇心和模仿欲，从周日傍晚到周一早晨的短短时间内，就已经在好几个班级中蔓延开来。

这个事件的根本原因在于刚步入青春期的孩子们缺乏基本的生理常识、明辨是非的能力及自我安全意识。他们往往以自我为中心，渴望得到关注，同时由于心理尚未成熟，他们倾向于通过追求与众不同来彰显个性，认为这就是引领"潮流"的表现。

小艺性格大大咧咧，丝毫没有意识到这个游戏可能带来的生命威胁，便迫不及待地将其带回，并因成为"第一人"而期待着小伙伴们的关注和羡慕。大多数同学起初觉得这个游戏好神奇，抱着尝试新鲜事物的心态，争先恐后地参与进来。而小部分同学，如子涵等人，由于之前自己或同学曾因身体原因在类似活动中出现过安全事故，因此深知其中潜藏的危险。他们虽然曾经尝试劝阻，但是未能成功。同时，他们又不愿被大家排斥在外，于是勉强参与，但坚决拒绝担任最前面的演示者。另有少数同学则明确认识到这个游戏的危险性，并能坚守自己的立场，选择不参与。

对话策略

一、积极预防，全校联动

平日里，学校通过举办各项安全主题班会、团活动等，使学生们具备了一定的安全意识和安全求救技能。因此在遇到类似安全事件时，同学们能够展现出一定的判断力。例如在这次事件中，班级里就有部分同学坚决拒绝参与。而事件发生后，班主任或任课老师必须及时、科学地介入，先按下"暂停键"，随即进行危机评估、沟通协调等工作，并迅速采取行动。以我个人为例，在第二节课了解到详细情况后，我立即上报校安全办公室，并积极配合安全办公室专门处理小组，相继开展了全校排查、安全评估、危机干预主题班会设计、宣传教育等一系列工作。

二、深入剖析，保驾护航

当工作落实得全面、细致且迅速时，其成效往往立竿见影。根据学校的安全应急方案，班主任在面对突发事件时，需要依据实际情况进行灵活处理。以本次"危险游戏"事件为例，该事件突发且容易引起学生的好奇心，导致传播速度极快。为避免产生严重后果并防止进一步扩散，在事件发生后，我在第二节课立即进行了危机干预。

（1）了解事件发生的原因，对涉及的学生情况进行归类。这一点在前面已经进行了详细分析，此处不再赘述。

（2）进行"危机解密"，打破游戏的神秘感。在教室里，我与学生们围坐在一起，共同探讨并明确指出游戏的"奥秘"。后面的同学掐紧前面同学脖子的皮肤，这种行为实际上相当于阻断了静脉血管,阻止了血液流向大脑。而短时间内大脑缺氧会导致头晕、恶心、四肢酸软,甚至失去知觉,实际效果仅次于双手直接紧掐同学的脖子。

（3）普及基本的生理常识,让学生明确这种游戏的严重后果。我详细讲解了大脑缺氧的症状,特别是"3分钟效应",以及可能产生的严重且不可逆的后果,甚至会危及生命。同时,我也提醒学生,每个人的身体素质不同,有人甚至可能隐藏着某些疾病,因此这种游戏具有极大的危险性。

（4）通过树立典型进行教育。针对之前分析出的三类同学,我实施了有针对性的教育措施,并让这些同学向其他同学进行二次教育,具体内容如下。

对于小艺等安全意识淡薄、追求新鲜的同学,我肯定了他们接受新鲜事物的能力强,但同时也引导他们明确,在接受新事物之前,必须先明辨是非。我引导他们分析"危险游戏"可能带来的后果,以及一旦发生后果应该如何应对,通过他们的自我反思来加深思想认识,这样的教育方式更具教育性。

对于子涵等有过类似经历的同学,我让他们以身说法,用自己的亲身经历来加大教育的力度,这样的教育方式更具说服力。

对于那些明辨是非、立场坚定、不参与"魔术游戏"的同学,我邀请他们参与话题的总结,让他们分享自己的观点和看法。

（5）深化拓展、加强安全教育。我引导同学们深入分析这一事件,学习安全生理常识,并让他们谈谈自己的想法。同时,我还分组搜集相关案例或周围发生的类似事件,让大家共享,以此来提升自我安全意识、安全辨别能力及自救能力。

对话成效

通过及时的事件干预和后续举办的安全专项主题班会,同学们深刻地认识到该游戏的危险性,同时也意识到自身安全意识的薄弱和生理常识的不足,从而更加认真地进行了自我反思与学习。其中,小艺等部分同学反思得尤为深刻,他们承诺在日后"引领潮流"时,会更多地考虑老师传授的安全教育和法律法规,确保自己成为遵纪守法的"先行者"。而子涵等同学则明确表示,未来将坚定立场、加强自律,不再明知不对却"随波逐流"。

本次系列对话活动取得了显著成效,在师生的共同努力下,我们共同按下了该"危险游戏"的终止键。接下来,我们将积极落实安全教育工作,为构建平安校园贡献自己的一份力量。

架起沟通的桥梁

📝 事件描述

　　第三节课刚刚开始不久，班长就气喘吁吁地跑进我的办公室，急切地喊道："老师，您快去看看吧！李小伟和数学老师打起来了！"我一听，大吃一惊，立刻加快脚步，三步并作两步地往教室里赶。在走廊上，我就听到了不止一个学生和数学老师激烈的争吵声。原来，小伟在课堂上讲话，严重影响了数学老师的授课。数学老师多次尝试制止，但均未奏效，最终忍不住说了粗话，并试图将小伟赶出教室。然而，数学老师粗暴的言辞激怒了小伟，他坐在座位上坚决不肯离开。两人因此吵得面红耳赤。数学老师更是火冒三丈，言辞愈发尖锐，甚至在情绪激动之下，指责了整个班级，否定了职业学校的学生。正是这些气头上的话激怒了全班同学。因此当我站在走廊上时，听到的不仅是小伟和数学老师的争吵声，其中还混杂着全班同学的各种声音。

🔍 事件分析

　　这是一起师生冲突事件。起初，冲突体现在教师与学生和班级团体之间在行为模式上的差异，随后逐渐升级为价值观念和道德观念上的分歧。由于学生和老师分属两代人，他们在年龄、阅历、思维方式、情感表达和个性特征上存在显著的差异，因此产生分歧是在所难免的。学生正处于青春期，身心发展迅速，情绪波动较大。作为未成年人，如果缺乏监管，就可能会放任自流；而监管方法不当，又可能产生适得其反的效果。我们也应当注意到，这类冲突往往更容易发生在那些特别认真负责的老师身上。

　　从学生个体的角度来看，小伟的自我约束能力较弱，好起哄，好出风头。他的学习成绩不佳，除了语文勉强达到及格线外，其他科目均表现不理想，尤其是数学。他称数学为"天书"，表示根本听不懂。因此，每当上数学课，小伟便感到十分无聊，常常通过说话聊天来打发时间。小伟性格倔强，好面子，讲义气。因此，当数学老师当着全班同学的面批评他、训斥他，甚至要将他赶出教室时，他便觉得颜面扫地，直接与老师"杠"上了。

从任课老师的角度来看,数学老师是一位刚工作不久的年轻教师,正处于年轻气盛的阶段,看不惯职业学校的学生虚度光阴、缺乏上进心的状态。在教育方法上,他较为单一和直接,并且在教育管理方面缺乏经验。然而,数学老师拥有一颗热爱教育的心,他积极乐观,胸襟宽广,责任心极强。

从班级的角度来看,这是我最近刚接手的一个亟待整顿的班级。由于学生纪律松散、学习氛围差,加之与前任班主任关系紧张,导致学生流失问题严重。最初入校的 48 人,仅仅一个学期后,就仅剩下了 35 人。因此,家长们经常到校处理相关事宜,这也让学校领导感到十分棘手。鉴于上述情况,学校进行了班级调整,将这个班级交由我接管。目前,我与学生们尚未建立起深厚的师生关系,双方仍处于相互观望和试探的阶段。事实上,学生们对我存在一定的抵触情绪,因为他们普遍认为"天下班主任一般黑"。

基于以上分析,我深知在面对任课教师和相对陌生的学生时,这将是一次重大的考验。我绝不能简单地站在某一方,而应成为任课老师与学生之间进行沟通的桥梁。

对话策略

一、柔性教育,赢得尊重

每个学生都渴望得到他人的尊重,其中包括班里那些调皮捣蛋、常被视作一无是处的后进生。他们往往是班里最难缠的孩子,也很少得到老师和同学的认可,表面上装出一副不可一世、玩世不恭的模样,但实际上内心极为脆弱。"受到尊重"对他们而言,仿佛是一件遥不可及的事情。因此,一旦他们犯错,表面的防御机制就会变得异常坚固,一种"破罐子破摔"的心态驱使他们坚持到底。如果此时采取强硬的态度与他们对抗,那么往往会两败俱伤。然而,如果改用充满尊重且机智的语言去沟通,那么他们的心理防线就会不攻自破。

如果让小伟继续留在教室,数学老师就无法继续授课,同时也会给其他学生树立一个不良的先例。而如果我依据班规校纪对小伟进行处罚,强行将他带出教室,他就会与我争执。那么,如何才能让小伟心甘情愿地离开教室呢?在安抚了数学老师的情绪后,我走到小伟身边,弯下腰,轻声对他说:"小伟,你先跟我出来一下,好吗?"出乎意料的是,刚才还一脸倔强的他立刻站了起来,爽快地回答:"好!"随后,他便心甘情愿地跟着我走出了教室。我想,或许是他吵闹得累了,而我的出现给了他一个台阶下,他便顺势收敛了。事后,我询问他:"为什么我一叫你,你就跟着我出来了呢?"他的回答让我颇感意外:"你给我面子,我当然也要给你面子！"换句话说，我尊重了他，他也以尊重回报了我。

二、平等对话，洞见症结

在教育教学中，当发生冲突时，学生往往会被有意或无意地剥夺解释的权利。其实，学生犯了错误后试图找出理由，是为了求得老师的谅解，这种心情是可以理解的。如果老师武断地阻止学生申辩，学生就会认为老师不信任自己。同时，对于这种蛮横的做法，学生虽然不敢直言反抗，但是内心并不服气，以后可能会更加抵触老师。

在本案例中，到了办公室后，我没有一上来就对小伟大声训斥，而是先让他自己讲述事情的经过。他竟然直接问道："你不打算叫家长吗？"我微笑着回答："我还没了解清楚事情的来龙去脉，怎么能直接采取措施呢？如果我能处理，那么又何必麻烦家长呢？"小伟的眼中闪过一丝感激。我鼓励小伟先说，他却反问："你不先去问问数学老师，听听他的说法？"我心中隐约有些酸楚，意识到小伟似乎已很久没有机会为自己发声，每次都只是被动接受训斥。我鼓励他继续讲，于是他滔滔不绝地说起数学老师：事事挑剔，言语刻薄，辱骂学生，上课的方式枯燥无味……我认真地听着，不时用笔记录。等他发泄完内心的不满后，我对照着他的话逐条进行分析，问道："数学老师今天一进教室就开始辱骂大家了吗？那是什么引发了课堂上的这场不愉快？作为一个称职的老师，面对学生的违纪应该不管不问吗……"我并没有一上来就指责小伟，也没有提及他之前的错误，更没有对他妄下结论、随意贴标签，而是对照记录一点点剖析问题。在这个过程中，小伟逐渐意识到自己的辩解是站不住脚的，于是慢慢放下了抵触与抗拒。他虽然内心已经服气，但是嘴上还是抓住数学老师语言不当这一点不放。对此，我并未替数学老师辩解，而是明确告诉他，我会与数学老师进行沟通，并给他一个满意的答复。小伟听后，再次露出了惊讶的表情。

三、搭建桥梁，收获信任

问题明确后，教师应当让学生相信，自己正在尝试一种全新的方式来解决矛盾和冲突，并与学生共同努力寻找解决问题的途径。因此，我并没有急于给出处理方案，而是将这个决定权交给了小伟。"你看，对于这件事，我应该怎么做才能帮到你呢？"小伟惊讶地问："你真的不打算叫家长，让我自己提出处理建议？你不会处分我吧？"看着小伟脸上满是惊讶的表情，我郑重地点了点头，说道："我相信你能妥善处理。"随后，小伟果然提出了一系列解决方案：向数学老师道歉、为数学老师搬水、帮助数学老师收发作业、维护课堂纪律等。我意识到，引导学生自主解决问题,相较于强迫他执行某些措施,效果要好得多。

　　在"桥"的另一端是正在生气的数学老师。于是,我找到数学老师,先安抚了他的情绪,然后详细地向他梳理了我处理整个事件的过程,以及小伟的最终决定。数学老师表示,本就无意与学生计较。于是,我顺势提及了小伟一直耿耿于怀的事情。数学老师听后表示自己当时只是在气头上,口不择言,承诺会找孩子好好沟通。果然,"解铃还须系铃人"。不久后,小伟主动找数学老师道歉,而数学老师也坦诚地承认了自己的语言不当,并跟小伟道了歉。没想到这次言语交流竟然产生了如此巨大的力量!数学课上的小伟仿佛脱胎换骨,成为数学老师的得力助手。通过这件事,这个班级的学生们开始信服我,与我的关系也更加亲近了。而我作为连接任课教师与学生之间的"桥",也因此成为他们更加信赖的沟通渠道。

📊 对话成效

　　一场师生冲突发生后,我并未简单地训斥学生,也没有找领导给学生处分或者喊家长来处理,最终圆满地解决了问题。正如王萍老师所言:"一次成功的沟通,就是一次成功的教育。"我与数学老师沟通后,他在课堂上向全班同学诚恳道歉。同学们觉得数学老师既敞亮又真实,没有丝毫老师的"架子",因此更加喜爱他了。小伟因此更加不好意思,学习态度和表现也愈发积极认真。针对这次事件,我及时组织了一次主题班会,主要围绕课堂纪律和师生关系两个议题展开。主题班会上,小伟主动站起来做了检讨,其他同学也畅所欲言,不仅重新修订了班规班纪,还纷纷向我保证,类似的事情不会再发生。在班会的最后,我也坦诚地与学生分享了我的班级管理之道。这时,小伟再次站起来说:"老师,你跟别的老师不一样,我们以后就跟着你了!"

5 000 元的"巨款"

📝 事件描述

　　住宿生小欣前段时间在玩游戏时结识了一位网友。这位网友提议开设一家网店，主要销售游戏中的"武器"，并邀请小欣与其他几位网友共同投资，承诺能赚大钱，到时候还会有"分红"。小欣也在玩这款游戏，知道"武器"确实很抢手。因此，她虽然对这位在网络上认识的网友心存疑虑，但是还是决定尝试，只不过最初只投资了 500 元。起初几个月，网友每月都按时给小欣"分红"，这逐渐赢得了她的信任。然而，网友上周提出需要扩大业务规模，要求大家增加投资。小欣手头资金不足，便向十几位同学借款，共计 5 000 元，全部转给了网友。但后来，小欣突然发现自己无法联系上这位网友了，很可能是被对方拉黑了。当向我透露这一情况时，小欣不禁恐惧地大哭起来。

🔍 事件分析

　　这是一起典型的电信诈骗事件，同时涉及网络安全、家校共育和同伴交往等多个层面。说实话，我也是第一次遇到这样的事情。作为班主任，在惊恐之余，我需要马上冷静下来，进行周密的分析与权衡。在指导学生拿起法律武器解决问题的同时，我也高度重视对学生的心理安抚及加强网络安全教育。

　　对于这个尚在校园的孩子来说，5 000 元绝对是一笔"巨款"。我先认真倾听小欣说的每一句话，试图捕捉她当前最难以解决的问题。我意识到，此刻并非单纯责备小欣沉迷游戏、行为幼稚或防范意识薄弱的时候。面对这一突发状况，小欣内心充满了恐惧、担忧与无助，因此我立即给予她安慰，因为她现在更需要的是关心与解决方案。她不仅为那 5 000 元心痛，还忧虑如何偿还同学的借款，更惧怕父亲得知后的愤怒反应。

　　从学生个体的角度来看，小欣性格内向，与同学交流较少，并且比较迷恋手机，喜欢虚拟世界。在校期间，她遵守规定不玩游戏，但一到周末便沉溺于手机游戏之中，难以自拔。由于涉世未深，她容易轻信他人，并且常常贪图小便宜，抵抗外界诱惑的能力较弱。此外,她的抗挫能力也较差。高一时父母离异给她带来了沉重的打击,她甚至有过离家出走和自残的行为。因此对于这件事,我们不能仅仅采取简单的批评教育方式,以免引发更大的意外或伤害。

从原生家庭的角度来看,小欣的父母已经离异,她跟随父亲生活。然而,父亲忙于工作,对小欣的关怀不够,导致她将更多的精力投入网络和游戏中。同时,家长对小欣的教育引导也存在不足。小欣的父亲脾气急躁,处理问题的方式简单粗暴,缺乏科学的教育理念和方法。因此在处理这件事时,我们不能直接将责任推给小欣的父亲,而应该通过对话与沟通,达成一致意见:保护孩子,教育孩子。

从班级教育的角度来看,虽然每周都安排了各种安全教育课及网络安全主题班会,但是学生们往往只是拿起笔,形式化地进行记录,并未真正将这些知识内化于心。他们普遍认为,安全事故发生的概率极低,可以忽略不计,坚信自己绝不会成为那个"万一"。因此,安全教育的实际效果较差,影响力也不够。

⚙ 对话策略

一、真诚沟通,柔性教育

柔性教育是指在学生思想教育工作中,根据具体情况,摒弃直接生硬、强权粗暴的方法,转而采用倾听、信任、渗透、缓冲和创新的教育手段来开展工作。

在本案例中,小欣正经历着网络诈骗。以前,她总觉得网络诈骗离自己很远,像是别人的故事,如今却真实地发生在自己身上,这让小欣内心充满了恐惧与不安。我认真地倾听,真诚地回应,以缓解她的恐慌情绪,并寻找解决的办法。"小欣,你先别着急,事情总会有解决的办法。你现在是不是既心疼那 5 000 元钱,又担心借的钱还不上,无法向朋友交代?你还担心告诉爸爸,爸爸会因此愤怒……"小欣感激地看着我,连连点头。我的同理心让她放松了不少。接着,我通过对比生命与金钱的价值,告诉她人身安全是第一位的,后悔之余应该庆幸:损失的钱,人是平安的。同时,我们也要警醒自己:随意借钱、轻信他人、沉溺游戏等行为,最终只会害人害己。在告知她初步的解决办法后,我鼓励小欣反思自己的行为,同时舒缓紧张情绪,防止再发生意外。以人为本,关注生命,这是我们柔性教育的核心理念。

二、家校对话,达成一致

本案例中,父母离异就是对孩子最大的伤害。小欣跟随父亲生活,而父亲忙于工作,忽视了对小欣的陪伴与教育。此外,父亲性格急躁,动辄辱骂训斥。在这样的家庭环境中,小欣逐渐沉迷手机游戏,将大量精力投入其中。我运用了暗示效应,引导小欣的父亲在处理此事时,不要仅仅一味地训斥孩子,而应先关注孩子的安全,再进行其他方面的教育。我对小欣的父亲说:"小欣爸爸,这次事件中损失的幸好是钱,而不是孩子的安全。只要孩子平平安安,钱就是次要的了。因为一旦孩子发生意外,无论多少钱都无法挽回。这次事件不仅给孩子敲响了警钟,还给我们大人提了个醒……"经过一番真诚且有理有据的交流,不仅避免了小欣父亲对孩子进行训斥,而且让小欣父亲答应先帮助孩子解决她最担忧的 5 000 元债务问题。此外,我们还共同探讨了教育孩子的方法,并反思了教育过程中的不足。家校共育,共同营造了良好的育人氛围。

三、平行教育,共同成长

依据苏联教育家马卡连柯的平行教育理论,我们致力于通过教育个体来影响集体,实现以点带面、以面促点的相互促进作用。虽然本案例在班级中属于个例,但是我们不敢保证其他孩子未来不会遭遇类似的困境。因此,在征得小欣的同意后,我以她为切入点,利用网络搜集了相关案例,并运用鲜活的事实与翔实的数据对全班同学进行了深入的再教育。面对这些真实的网络诈骗案例和触目惊心的统计数据,全体学生深受触动,纷纷撰写了个人感想。他们从中吸取了深刻的教训,警醒自己:勿贪小便宜吃大亏,一定要远离网络诈骗和游戏陷阱。

📊 对话成效

经过多方努力,事情得到了较为圆满的解决。小欣深刻地认识到了自己的错误,在懊悔中删除了手机上的所有游戏,并树立起高度的防范意识。生活确实是一本生动的教育书,正如陶行知先生所言,它把身边人细碎的唠叨与叮嘱,直接变成了一个深刻的警醒,发人深思。小欣的爸爸通过这件事意识到自己对孩子的关注不足,庆幸孩子没有出现重大的安全问题。他安排了时间前往当地派出所报警,并对班主任安抚孩子的行为表示感谢。之后,他还帮助孩子偿还了债务,并给小欣布置了偿还 5 000 元"巨款"的任务,让她利用周末时间参与社会实践,体验生活的不易与赚钱的艰辛。小欣理解了家长的用心。作为班主任,我将这一事件深化,通过主题班会的形式对全班同学进行了再教育,进一步启发学生思考,让更多的学生从中受益。

远离网络诱惑

📝 事件描述

　　周日下午,学生按例返校。大约两点时,小芹打来电话请假,称因开学返校学生众多,未能挤上前两班公交车,因此无法按时到校,申请次日再返校。根据小芹的路程和转车时间计算,她本可以在学校统一要求的 5 点前到校,因此我未批准请假,并叮嘱她注意安全,务必当天返校。半个多小时后,小芹发来微信,称路上所乘公交车发生故障,再次申请次日返校,此后便无回应。

　　结合小芹近期的 QQ 状态和"帮包"情况,我意识到肯定有其他情况,于是立即联系小芹的家长和同学了解情况。随后得知,小芹中午便已离家乘车,并且在汽车总站被别班同学遇见并一同转车来校,但下车后小芹说要买东西,一直没进校门。通过校门口的监控,我发现小芹随后又登上了返程车。与家长取得联系后,我们共同尝试联系小芹,但小芹在回复安全后便失联。后来调查得知,小芹因网络交友,在对方要求见面并承诺介绍工作的诱惑下,独自一人前往了外地。最终在警方的协助下,小芹的父母于当天晚上在外地车站找到了她。

🔍 事件分析

　　小芹出生于一个普通的农村家庭,她的父母年纪偏大,平时在家务农,农闲时会外出打工。此外,家中还有一个弟弟,父母对孩子的陪伴较少,而爷爷奶奶则有些重男轻女的观念。小芹个子不高,长相普通,学习成绩也属于一般水平。她性格内向、胆小、缺乏主见,但比较热爱集体,并遵守纪律。小芹虽然平日里不够自信,总是默默无闻,但是这次做出了人生中的第一次"叛逆"——瞒着父母和老师,独自一人去见网友并寻找工作。

　　由于缺乏家庭的关注,小芹形成了自卑且内向的性格。她内心深处非常向往温馨的集体生活,渴望得到他人的关爱和重视。近一个月来,网络上突然出现的"好朋友"每个周末都会与她交流。对方的"积极主动"和"不吝赞美"让小芹突然感觉自己受到了前所未有的重视,甚至产生了"恋爱"的错觉。这使得小芹从之前迫切希望开学,转变为现在迫切期待周末放假,以便能够拿到手机,继续与这位"好朋友"聊天。

网友一直鼓动小芹前往外地见面,并信誓旦旦地承诺会"罩着"她,为她介绍一份待遇优厚的工作,还特意将工作环境拍照发给小芹。小芹正好高二,即将面临一学期后的实习安排。她自觉在学习和技能方面表现平平,担心申请好的岗位时竞争力不足。那些展示工作环境的照片,让小芹心动不已。那个周末,小芹满怀期待地回家,打算征求父母的意见。然而,父母都没有等小芹说完便匆匆出门了。更让小芹感到失落的是,她无意间发现爷爷奶奶背着她又偷偷给弟弟买了好吃的。各种因素碰撞在一起,最终使小芹动了追求"事业"与"爱情"的强烈念头。

对话策略

一、关注变化,及时干预

小芹平日里行事低调,很少引起同学和老师的关注。然而在事件发生前的半个月里,她的 QQ 空间连续发布了两条风格迥异的状态:一条略带伤感文学的气息;另一条则透露出些许自我陶醉的恋爱情绪,仿佛是对某人关心的回应。这两条状态引起了我的警觉。于是,我利用进行放假安全和网络安全专项帮扶的机会,与小芹进行了旁敲侧击的交谈,试图获取更多信息。"最近是不是发生了有趣的事情?是不是认识了什么新朋友?我看你最近变得开朗、自信多了呢……"小芹显得有些羞涩,没有直接承认,只是含糊地说这是有感而发,因为有朋友一直在鼓励她。有同学反映,她可能是上网看小说看多了,猜测小芹自己幻想出了一个"男朋友"。但注意到小芹返校时两次请假,我意识到事情可能并不像表面看起来那么简单,肯定是出了什么问题。

二、群策群力,保驾护航

发现学生情况异常后,我立即联系家长并上报学校,同时全面了解情况并及时进行现场调查。当无法与学生取得联系时,我与小芹父母迅速求助警察和车站工作人员。在本案例中,警方协助我们调取了车站监控,发现了小芹的行踪。我们随即与外地警方和车站取得了联系,并在他们的帮助下,在外地车站找到了小芹,并将其劝留在车站的休息区域。此时,我们立即通过电话与学生保持联系,确保她的情绪稳定。在通话中,我们先表达了对她的关心和担忧,随后就网络安全、个人人身安全等问题进行了深入的引导和教育。同时,我们与学生保持聊天状态,等待家长的到来,以确保双方能够安全会面。

三、家校沟通,合力育人

学生在遇到问题后,家庭与学校是他们重要的依靠与支撑力量。而小芹的家庭支撑力明显不足。通过家访,我们交流了小芹在家和学校的表现,更重要的是,帮助家长认识到了教育和陪伴的重要性。事情发生后,家长不应一味地批评孩子,而应更加关心孩子,指导孩子生活。在日常生活中,家长应该多与孩子交流,提高孩子的辨别能力。

四、心理疏导,集体教育

发生此次安全事件后,学校在返校前对学生进行了心理评估与心理疏导。在评估过程中,我们肯定了小芹同学具备一定的安全意识,并且在与车站工作人员交涉时没有发生反抗或冲突,能与老师进行电话交流并等待父母到来。然而,我们也指出了她前期缺乏防范意识的问题,具体表现为盲目相信网友,并瞒着家长和老师私下与网友见面,面对网友的诱惑,因缺乏鉴别能力而轻易被吸引。针对这一情况,学校随后对小芹同学进行了网络安全专项教育,旨在逐步提升她的网络素养、安全意识和心理素质。在小芹同学得到充分休息并征得她的同意后,我们结合此次事件,协助她进行了备课准备。返校后,小芹同学以亲身经历为素材,亲自上台进行了网络安全主题教育班会。她的讲述非常有说服力,取得了良好的教育效果,并赢得了同学们的一致好评。

📈 对话成效

经过深入交流和心理疏导后,小芹对这次安全事件有了全面且深入的理解,她认识到自己的问题所在,提高了安全意识,并开始有意识地自我学习和锻炼,为即将到来的实习做准备。与此同时,通过家校沟通,小芹的家人意识到教育和陪伴的重要性,他们对小芹的关注度也因此得到了增强。在同警方的交流中,小芹提供了重要信息,助力当地警方成功捣毁了一个不法传销组织,并解救了 3 名被骗少女。此外,小芹还主讲了网络安全主题班会,这次经历让她首次尝到了成功的滋味,提升了自信心。她开始主动向老师求助,制订计划,为实习做准备。这次事件不仅让小芹对网络安全有了更深刻的认识,还让班级同学的网络素养得到了明显提升,为他们今后的学习和生活打下了坚实的网络安全基础。

伴奏带风波

事件描述

一天下午，小陶同学来找我，说道："老师，班里的团支书小孙在朋友圈和QQ空间里骂了我，这是不是校园欺凌或者网络暴力呢？虽然她很快就删了，但是我已经截图保留了证据。"回想起12月份的学校艺术节，小陶满怀热情地参加了独唱比赛。按照赛事要求，她需要将伴奏带经由团支书小孙转交给团委。小陶明确表示，她已按时将伴奏带交给了小孙。然而，在比赛的关键时刻，却意外发现伴奏带被放错了，导致她在演唱中不得不中断，临时改用了其他班级的伴奏带，最终成绩不尽如人意。这一突发事件让两人在比赛现场的放音间发生了激烈的争执。比赛刚一结束，当天下午，小孙便在朋友圈发布了一条动态，言辞中透露出不满："你自己不及时上交，唱不好，还来埋怨别人。气死我了！"在这条动态下方，还有班里一名同学的附和评论，以及十几个同学的点赞，使得事态进一步发酵。

事件分析

小孙作为班里的团支书，非常想把班级的团委工作做好。但遗憾的是，他有时会因急躁而处事不当。小陶家庭条件比较好，多才多艺，擅长唱歌跳舞。然而，或许是因为稍许的娇气，她与同学们的相处并不总是那么融洽，时常感受到来自班级同学的疏离感。两人争吵的起因是小陶上台时发现伴奏带播放错误，导致比赛成绩不佳。赛后，两人在放音间发生了激烈的争吵。这是两人自入学以来首次参加的大型活动。事情发生后，双方都带有主观偏见，未能及时沟通，而是任意发泄情绪，相互推诿责任。小孙作为团支书，在争吵结束后更是将朋友圈当作情绪的宣泄口，缺乏正确处理问题的手段和方法。

对话策略

对于这个建立尚不足一个学期的新集体而言，这次事件成为班级建设中的一个关键点。这次事件不仅是学生们观察并判断老师处理学生问题能力的重要依据，还是教育学生如何正确应对和处理问题的一个关键契机。如果处理得当，就能在未来的班级建设中发挥事半功倍的积极作用，为班级的和谐与进步奠定坚实的基础。

一、发现问题，全面调查

听了小陶的叙述后，我温和地对她说："首先，我要表扬你，因为你没有和小孙同学在网络上对骂；其次，我要谢谢你，因为遇到问题后，你选择找老师解决。小陶，你相信我能解决好这个问题吗？"小陶使劲点头，眼中闪烁着信任的光芒，说道："老师，我当时也有不对的地方。在比赛现场，因为伴奏带错了，我情绪比较急躁，所以说话比较冲。但我真的给小孙了，在网络上我也什么都没说。老师，我来找你，就是相信你能公正处理。"我说："谢谢你的信任。你现在回去后，无论听到什么，看到什么，都不要发表任何言论，也不要去和别的同学解释，好吗？"随后，我立刻找到发表评论的宋同学。我没有多说什么，直接给她看了微信截图，告诉她这是网络暴力，是可以追究法律责任的。现在，她要做的就是不再发表任何言论，避免矛盾进一步升级。

第二天一早，我找到了小孙。小孙说："小陶交给我两次伴奏带，最后一次是在比赛前一天下午，我马上就交给了团委的小琳。老师，您可以查看我的转发记录。小陶在比赛现场冲到放音间对我大骂，太过分了！"小孙觉得很委屈。我询问了在现场的其他同学所在的班级和名字，以及评委老师的联系方式。我利用一周的时间，逐一询问了每一个人，了解了当时的情景，包括吵架的全过程，并做了详细的记录。当调查到团委小琳时，小琳说："老师，小孙确实把伴奏带传给我了。"我说："我要看一下小孙转发给你的记录。"这时小琳开始支吾，说手机已上交，信息已删除等。于是，我给小琳的班主任打电话，坚持要查看小琳和小孙关于伴奏带转发的聊天记录。小琳打开QQ后，我们发现最后一次转发的伴奏带还未被下载。

二、分析问题，明确责任

这次事件的起因是小孙将最后一次伴奏带转发给了小琳，但小琳未及时下载，导致小陶在比赛现场因伴奏带出错而影响了比赛成绩。我对两位同学说道："首先，我要对小孙同学的工作态度表示肯定，她在艺术节期间一直忙前忙后，尽心尽力地为班级同学服务。同时，我也要赞扬小陶同学积极参与学校活动并认真备战。其次，我要批评你们。这本是为班级和个人增光的事，却因你们之间的沟通方式问题而产生了矛盾。"两名同学得知真相后，均面露惊讶，沉默不语。我继续说道："其实，在这次事件中，你们都有责任。小陶，如果比赛前你能再找小孙确认一下伴奏带，就能避免出错。小孙,如果第二次转发伴奏带后,你能与团委负责的同学再次交接,就可以避免出错。而事情发生后,你们如果能进行有效的沟通,积极解决问题,就能防止矛盾进一步升级。"

三、换位思考,寻找良策

我看她们的态度都有所缓和,便趁机提议让她们换位思考,想想自己处于对方的位置会如何处理这件事。两名同学对此有了更深刻的体会。小孙首先说道:"如果我是小陶,我就会先确认是否替换了第一次发的伴奏带,并在事情发生后以积极的态度与对方沟通,从而解决问题。"小陶接着说道:"如果我是小孙,我就会在上台前再仔细核对一遍伴奏,事后也会先明确自己的责任,再去找负责的同学看一下问题到底出在什么地方。"看到她们俩已经意识到自己在这件事上的责任,并懂得了换位思考,为对方着想,我认为这次沟通是成功的。对于学生,我们虽然不能期望她们经历一次矛盾后就永远不再产生分歧,但是至少要让她们认识到矛盾发生后,善于总结经验并以发展的眼光看待处理问题的方式是至关重要的。

四、剖析问题,抓住契机

根据苏联教育家马卡连柯的平行教育理论,我召开了以"伴奏带风波"为主题的班会。在班会上,我简要描述了学生们已知的事情经过,并非常严肃地说:"咱班最近发生了一件事情,有的同学可能还不太清楚,现在我来给大家复述一下。"接着,我抛出了问题:"在这个事情的处理过程中,你认为这两位同学的处理方式存在哪些错误?换作是你,会如何处理?"同学们纷纷表示,两人的目标都是为了班级活动,出了问题应该好好沟通。他们还指出小孙发朋友圈及宋同学发表不当评论的错误之处,容易导致舆论一边倒。班会明确了班干部的职责是服务同学,他们不仅是班主任的小助手,还是同学们的领导者,起着黏合剂的作用。在讨论中,同学们深刻地理解了"友直,友谅,友多闻,益矣"的道理。同时,我也向会计专业的同学们提出了期望,希望大家能够做到诚实、守信,每个人都拥有包容、善良的品质,共同让班级更加和谐。

当我把对这个事件的全部调查过程和结果向学生公布时,教室里顿时变得异常安静,这表明班会取得了预期的效果。我通过实际行动向学生证明,我是值得信赖的,并且有能力做到不冤枉任何一位同学。通过这件事,学生也深刻地认识到,只有经过调查才有发言权,遇到问题时应该冷静应对,寻找合适的方法去解决,而不是盲目冲动地发泄情绪。

📈 对话成效

开完班会后，几位同学一同来找我，表示已经认识到了自己的错误，并愿意接受任何处罚。我们以事实为依据，解决了问题，同时也教育了全班同学。小陶和小孙虽然没有成为挚友，但是之后再无摩擦，班级中也没有再发生类似的事件。作为班主任，我具备敏锐的洞察力，积极寻找问题根源，并从根本上彻底解决了问题，这是班级建设的关键。

直面伤痛再出发

事件描述

在青岛上合峰会期间，恰逢我所带的航空班学生实习。原本应在机场实习的小贝，因工作作风散漫、态度不佳被乘客投诉到总部，造成了恶劣影响。机场因此中断了她的实习，并将她退回了学校。得知消息后，小贝妈妈匆匆赶来，情绪异常激动，甚至当场痛哭起来。相比之下，小贝却显得一脸漠然。我的第一反应是这对母女之间肯定"有事儿"！

果然，在妈妈近乎歇斯底里的控诉声中，有关小贝家庭情况的真相终于浮出水面。原来，小贝来自一个单亲家庭，小学时，她的父母便已离异。然而，要强的小贝妈妈为了不让同学们用异样的眼光看待小贝，无论是在档案记录中，还是面对学校老师，都刻意隐瞒了家庭离异的情况。出于对小贝的愧疚，她平日里总是尽力提供最好的经济条件给小贝。每当家长会时，即使小贝爸爸无法出席，也总是以爸爸出差为由进行解释。而小贝在日常生活中消费时总是大手大脚，看起来似乎家庭条件十分优渥，但实际上，这一切都只是假象。

妈妈独自抚养小贝，还兼职做微商，经济状况并不宽裕。但为了维护"颜面"，小贝的妈妈一直在咬牙"打肿脸充胖子"。如今，小贝好不容易在机场获得了实习机会。过年的时候，亲戚朋友对小贝的恭维也让妈妈备感欣慰。然而，万万没想到的是，吊儿郎当的小贝竟然被辞退了，这让妈妈觉得颜面尽失，无颜面对亲朋。平日里的咬牙付出，并没有让女儿学会感恩，反而让她变得懒惰，不愿做家务，行为叛逆，与妈妈关系冷淡。特别是迷上滑板运动后，小贝更是整天不在家……这一件件事情都让妈妈内心充满悲伤，深感挫败。被机场辞退一事，让妈妈多年辛苦维持的伪装瞬间崩塌，满心的委屈与不甘让她忍不住放声痛哭。

事件分析

看着旁边逐渐收起冷笑，泪水悄然滑落面颊，眼神中仍带着倔强与不甘的小贝，我在心中暗暗叹了口气。妈妈的苦心遮掩，无疑给小贝的内心带来了沉重的压力。妈妈自以为的巨大牺牲与付出,在小贝心中留下的恐怕并非妈妈所期望的感动与甜蜜,而是生活在谎言中的敏感与心酸。长期的隐瞒与欺骗让小贝自然而然地选择了逃避责任、逃避现实的生活态度。因此,小贝非但没有给妈妈带来预期的感恩回报,反而更加肆无忌惮地挥霍,并选择逃离。在家中,小贝通过痴迷滑板运动来逃避压抑的氛围;在工作中,则表现为吊儿郎当、敷衍了事的态度。

孩子远比我们大人想象得更为敏感。家长如果一心一意地营造假象,那么又怎能要求孩子回报以真情实感呢?小贝的叛逆与不懂事,表面看来是孩子不懂得感恩,辜负了含辛茹苦的妈妈。然而,妈妈长期以来为了面子而弄虚作假,虽然打着为小贝好的旗号,但是从未真正顾及过小贝的感受。这究竟是为了小贝好,还是妈妈为了逃避现实、不敢面对的私心呢?缺乏直面真实的勇气,拼命用虚假营造美好的假象,这其实是妈妈以爱的名义在逃避现实。在这样的耳濡目染之下,畸形的家庭教育自然造就了如今“有样学样”的小贝。

对话策略

一、正视难题,明确解决方向

小贝妈妈长久以来一直承受着婚姻的伤痛,作为局外人,即便是老师也无权置喙。但从小贝被辞退这一事件来看,小贝妈妈显然存在认知上的偏差。因此,从教育的角度出发,依据情绪 ABC 理论,我们需要改变小贝妈妈的不合理认知,帮助她接受小贝被辞退的事实,解开母女之间的心结,并引导家庭教育走向求真务实的方向。这是解决问题的关键所在,也是作为班主任应当积极践行和推动的。

二、正视内心,打开母女心结

我没有纠结于小贝被机场辞退的事情,而是将解开母女心结视为解决问题的首要任务。我顺着小贝妈妈的控诉,询问小贝为何不愿待在家里,以及滑板运动对她的吸引力何在。小贝沮丧地嘀咕道:“反正妈妈什么都帮我做了,我在家里待着无所事事,总感觉自己像个废物一样。滑板运动让我认识了一群小伙伴,他们让我觉得自己挺能干的,和他们在一起很自由。我喜欢这种氛围,就更不愿意在家里待着了。我知道这样不对,应该体谅妈妈,但我也不知道怎么了,就是感觉家里很压抑。我帮不上什么忙,也没有人真的需要我……”听着小贝的倾诉,小贝妈妈的脸上明显露出震惊与委屈,她从未料到自己不忍心让孩子受苦,竟被小贝解读为不被需要。妈妈感到困惑,难道自己在家不舍得让孩子干活,反而做错了吗?

当着母女二人的面,我明确指出她们确实都错了。妈妈的过度包办助长了小贝的懒惰习性。因此在实习初期,小贝虽然能凭借热情努力工作,但是时间一长便难以坚持不下去。小贝虽然理智上希望自己能够成长，替妈妈分担，但是长期的"好吃懒做"使她力不从心，潜意识里只能选择逃避，而迷恋滑板运动则成为她逃离家庭、逃避责任的方式。我对伤心不已的小贝妈妈说："孩子其实并非不体谅你，对于你的付出和为难，小贝是看在眼里的。她只是被你宠得什么也不会做，恐怕她自己也很痛恨这种无能为力吧。"听了我的话，小贝妈妈若有所思，而小贝则仿佛被戳中了痛点，泪水不禁夺眶而出。

三、正视现实，积极寻求解决之道

母女二人之间的隔阂被打破后，她们之间的交流变得不再像起初那样剑拔弩张了。特别是深爱女儿的妈妈，看到女儿流泪时明显就心疼起来，两人不由自主地相拥而泣。待她们都平静下来后，我适时地将话题转到了小贝被机场辞退这一事件的起因上。

首先，我提醒小贝妈妈，要用成人的职场思维来看待这件事。成人换工作是常有的事，更何况是实习期间，被辞退并不代表世界末日。小贝妈妈显得有些尴尬，低声承认自己只是一时情急，更多还是"爱面子"的心理在作怪。

其次，我跟小贝母女说明，实习不是正式工作，但是学业的重要组成部分。无法顺利完成实习，也就意味着无法顺利完成学业，因此我们应以更务实求真的态度来看待被辞退这件事。这正好可以作为契机，让小贝开始学习真正的"担当"，正视错误并勇于承担后果。我建议小贝妈妈借此机会适当放手，从之前的包办代替转变为幕后协助指导，让小贝逐渐尝试自己动手做事，从中体会"被需要"的成就感。小贝妈妈采纳了我的建议，她还结合自己的职场经验，与女儿商讨并撰写了一份反思书，对事件进行了深入的溯源与反思。小贝详细回顾了自己在实习中的错误表现，从思想和行动上进行了深刻的剖析，并提出了诚恳的反思与改正措施。在这个过程中，母女二人互动频繁，关系也明显变得更加亲密。

小贝亲自将一式两份的反思书分别送至机场地服集团和学校实习处，并当面诚恳致歉。她以实际行动勇敢地承担了犯错的后果，凭借积极的态度，赢得了实习处提供的第二次实习机会，即在五星级酒店客房部服务。

📊 对话成效

经过努力，小贝获得了第二次实习机会。同时在我的建议下，小贝妈妈也重新审视并梳理了自己的家庭教育策略。母女俩坦诚地面对生活，勇敢地迎接挑战。后来，小贝妈妈给我发来了消息，还附上了小贝身着迎宾服与某国总统的合影。她写道："老师，一直想跟您汇报小贝在新岗位的情况。在您和学校领导的帮助下，小贝得到了宝贵的实习机会。这次峰会,小贝有幸接待了该国总统,并合影留念。小贝非常珍惜这个岗位,每天早起提前到岗,积极性极高,在家也主动帮忙做家务,有事也愿意和我交流与分享了。这都离不开您的关心和教导。作为家长,我深受其益,衷心地说一声'谢谢'!"

　　实习再次启程,小贝"因祸得福",展现了自己的光彩;小贝妈妈也如愿以偿,真正赢得了"脸面"。

我被学生在朋友圈 diss 了

事件描述

某个周五，学生管理处的赵主任向我转发了数张微信截图。这些截图来自我班学生李某的朋友圈。截图主要内容是 diss（网络流行语，指看不惯、轻视等）我，言辞中夹杂着不文明文字，不满情绪显而易见。李某在朋友圈中表示，我作为班主任在英语情景剧的排练过程中未尽到应有的职责，认为我不应反对她在上计算机课时外出拍视频，以及给她安排了过多额外工作等。

李某是我一直以来重点培养的学生，她在朋友圈公开 diss 我，这确实让我感到意外和困惑。尤其回想起，在她因疫情防控需要进行核酸检测期间，为了避免她落下课程，我不辞辛劳地为她全天录制课程，此刻我的心中也不免泛起一丝委屈。但作为追求专业化成长的班主任，我深知不愉快的主观情感需要暂时搁置。此外，考虑到这些截图是由我班学生转发给赵主任的，显然已经在班级范围内造成了一定程度的影响，这对新班级建设的负面影响不容忽视。因此，我需要开展多方面的工作来妥善处理此事。

事件分析

我通过李某的家长来了解李某的思想动向，并从学生个体、家校沟通、班级建设等方面对事件进行深入分析。我期望在"三全育人"理念的指导下，通过多角度的沟通和多层次的分析，能够透过现象看本质，从根本上找到问题的关键所在，从而有效地解决问题。

李某在入学之初的两个月内，表现出了端正的学习态度，不仅成绩优异，还具备艺术特长。他积极参加学校组织的各项活动，担任学生会干事一职，并主持了学生会迎新晚会。虽然她与同学的关系一般，但是这种成绩优异、活动能力强的学生，通常属于让老师们放心的类型。然而从过往的经验来看，这类学生也容易形成以自我为中心的倾向，同时期望他人能够配合并顺从自己的意愿。

在与家长的主动沟通中，我了解到李某作为独生子女，她的父母对她比较顺从,并且对她的关注度极高。他们虽然认识到李某性格上的强势,以及处理人际关系时的生硬,但是认为同学向老师反映朋友圈事件是出于嫉妒李某。由此可见,父母对孩子虽然有理性评价,但是在归因上存在偏差。虽然家校沟通有望顺利进行,但是仍需要对家长进行家庭教育指导,引导他们认识到问题的本质在于孩子未能以合理的方式分析和处理问题,并且情绪化较重。

从学校和班级的角度来看,该生不应在公共场合发表对老师的不敬言论,尤其作为班干部和学生会成员,更是做出了错误的行为。这一行为对新班级的建设、班主任的工作及学生会成员的素质培育工作,均产生了不良影响。因此,我们需要对该生进行及时引导和教育。

对话策略

一、针对学生,多种对话寻良策

(一)暂停负面情绪,在无情境交流下表达观点

虽然李某一向是老师眼中的好学生,但是当我得知她在朋友圈 diss 我时,当天我确实感到有些"上火"。然而,我深知在负面情绪的主导下处理学生问题并非明智之举,于是我决定暂时搁置直接介入的念头。因此,我并未立即找李某谈话,而是在班级范围内组织了一次简短的交流,主题是"如何看待被他人 diss 的事件"。我强调,diss 他人实际上反映的是自己内心的焦躁,并不能解决问题,反而可能使问题恶化。总之,随意 diss 他人绝非解决问题的最佳方式。这次交流并未涉及具体情境,也未向任何学生透露具体发生了何事。通过这种不针对个体的观点分享,我意在避免李某在情绪激动时了解班主任的内心想法,从而防止不理智冲突的发生。在交流过程中,我甚至向李某提问了她对被他人 diss 的看法,而她看起来并未显得特别不自在。

(二)与全班学生分享情绪 ABC 理论

情绪 ABC 理论是由美国心理学家埃利斯于 20 世纪 50 年代创立的。该理论指出,人的消极情绪和行为(consequences)并非由某一激发事件(activating events)直接导致,而是源于个体对该事件不正确的认知和评价所产生的错误信念(beliefs)。简而言之,人的情绪和行为反应之所以不同,源于其认知的差异,不同的认知会导致不同的情绪和行为模式。我循循善诱,使学生们领悟到,不当情绪的产生往往源自认知的错误,并鼓励他们尝试从另一个角度看待问题,从而避免陷入偏执和钻牛角尖的情况。

（三）坐下来进行深入沟通

我与李某坐下来进行深入沟通。李某在朋友圈发表的言论,是与班主任没有及时沟通导致的。周末时,李某得知学校将因 diss 事件处理她,便告知了父母,却未与我沟通。因此,我决定在周一时请她到身边来,坐下来进行心平气和的沟通。在平等和谐的氛围中,我们针对朋友圈中提到的多个问题进行了深入分析和解释,使李某明白,正是由于缺乏与班主任的主动沟通,才导致了事件的发生。同时,我还通过亲身示范让她认识到沟通是解决问题的重要方法和途径,而情绪化只会适得其反。

二、针对家庭,关键对话卸压力

周末,李某的家长给我打来电话,语气中带着几分小心翼翼。作为父母和教育工作者,我深切地理解李某父母的担忧。为了让家长放下心理负担,与学校携手共进,共同做好学生的教育和指导工作,我主动向家长说明,不会采取处罚措施,并建议他们不要给李某增加心理压力,而是要引导孩子正视并改正错误。这是家校沟通中的关键对话。而正是因为卸下了家长和学生的心理压力,才促成了有效的家校共育。

三、针对班级,借力发力促成长

利用班会时间,我和班级同学围绕"diss 解决问题了吗？"这一主题展开讨论,旨在探讨处理问题的最佳方式。通过深入的讨论,学生们逐渐认识到,一味地依赖情绪化的表达来解决问题,只会让自己很尴尬,甚至做出错误的决定。最后,他们学会了换个角度看待和分析问题,并在相互交流中寻找解决问题的方法。这才是真正的智慧。在讨论的过程中,学生们再次获得了成长。

📊 对话成效

负面情绪暂停后,家长的心态放松了许多,压力也大大减轻,能够冷静地分析原因。他们认识到孩子在家庭中形成的宠溺性格需要得到及时的关注与调整,并最终愿意配合老师共同教育孩子。

李某主动面对错误,不再选择逃避。从李某的反思中可以看到,由于我之前嘱咐家长不要给她增加过多的压力,她体会到老师的用心良苦,从而深刻地认识到自己的幼稚和错误。在与同学们的交流中,李某也意识到了自己的错误,发现自己没有随着环境的变化而调整自己的心态和认知,仍希望老师能像初中时那样事事关心、全面指导。这种心理导致了不良情绪的产生,而李某采取了错误的方式表达,从而造成了不良影响。我多方面分析原因,抓住了问题的本质,找到了有效的解决方式。

　　通过这件事情,我深刻意识到与学生和家长的每一次对话都是关键对话,不能草草待之。只有在教育和爱的名义之下,与家长和学生同向共行,才能真正发挥教育的力量和价值。

第七篇 Part Seven

家庭沟通

小俊"不见"了

事件描述

新生入学不久，小俊就引起了我的注意，他经常违反校规，学习态度也不端正。针对这些问题，我主要对他个人进行了批评教育。同时，我虽然一直与其家长保持沟通，但是还从未邀请其家长到校面谈，直到那一天……

小俊因为佩戴了他人的校卡，所以被学生管理处通报批评了。通过一番长谈，我了解清楚了事情的原委，他也坦诚地承认了错误。我以为事情就此结束，不料午休时班长汇报说："小俊不见了。"全班同学都说没有见到他。我立刻安排几个学生分头寻找，但仍一无所获。接着，我又到警卫室调取了监控录像，发现他并没有走出校门。这时，有同学说："他肯定是爬墙出去了！"这可糟了，他究竟爬墙去了哪里？安全如何得到保障？更糟糕的是，他的手机与其他同学的手机一起被收缴了，因此无法联系到他！

跟学校汇报完毕，我立即联系了小俊的家长，但心里隐隐觉得小俊不会做出极端的行为，因为他平日里贪玩，学习上又不愿努力，不是那种会让自己受苦的性格。小俊爸爸也宽慰我说："老师，您别担心，我自己的孩子自己知道。"唉，知子莫若父啊。

两小时后，小俊妈妈来电告知孩子已经安全到家了。原来，小俊是自己坐车回的家。万幸的是，他没有做出任何过激的行为。那就让他在家休息一晚，好好冷静一下吧。

事件分析

接下来的一整天里，我通过不断地与学生及相关人员的沟通得知，小俊之所以爬墙出走，是因为他嫌学校的管理过于严苛，不愿吃苦受累。

实际上，小俊头脑聪明，只是有些懒散，这导致他在初中时基础不够扎实。后来，他虽然勉强考上了"3+4"学校，但是不懂得珍惜这个来之不易的学习机会。更为严重的是，小俊沉迷于手机游戏，无法自拔。按照班级规定，每天早读前全班都要上交手机。有一次,小俊竟然交了一个手机模型上来,把真手机留下来偷偷玩游戏。由此可见,他其实挺聪明的,只是用错了地方。

此外,小俊的父母比较溺爱他,一直拿他当孩子,还没有意识到孩子已经长大了,需要引导他对自己的行为负责。我是如何发现这个问题的呢?在小俊擅自离校的次日,学校给出了处理决定:给予记过处分,取消住宿资格,改为走读以反思过错。这一决定让小俊急了,因为他家在外地,走读极为不便。于是,他很快与父母一同来到学校认错。但令我诧异的是,虽然小俊的父母口口声声说要让孩子来认错,但是在整个过程中只有家长不停地向学校道歉并做出保证,而小俊本人几乎一言不发,没有主动承担责任。也就是说,家长在不经意间替孩子承担了本应由他自己去面对的压力与后果。

至此,我终于明白了小俊问题的根源,那就是家长代替得太多,剥夺了孩子自我成长的体验。孩子犯错后,理应自己承担后果,并学会从中吸取教训。而家长代孩子认错,又怎能与孩子亲自认错相提并论呢?因此,小俊的问题实质上是家长溺爱的结果,尤其是他妈妈对孩子的溺爱。基于这个认识,我随后不断观察、验证,最终找到了解决小俊问题的关键所在,即首要任务是改变家长,进而改变小俊的家庭成长环境。

总之,此事件的直接诱因是学生难以忍受学校严格的管理制度,缺乏吃苦耐劳的精神,而其根本原因则在于父母的教养方式。正因如此,这一问题的解决涉及了诸多方面,包括学生思想工作、家校合作、沟通协调等多方面的工作。

对话策略

一、针对学生

(一)创造机会,磨砺意志

我利用一切机会让小俊参与到班级事务中来,如帮我拿书、给全班同学领新教材、提水拖地等。这些活动虽然每次给予小俊的都是微小的刺激,但是我坚持持续且稳定地进行,旨在逐步培养小俊身体力行、吃苦耐劳的习惯,进而将这种品质内化为精神上的坚韧不拔。

(二)授予责任,温暖内心

虽然小俊在某些方面表现不佳,但是这主要是能力不足,他内心其实渴望进步。因此,我任命他为班长,以班级最高职务的标准来培养他的责任感。同时,我与全班同学打好招呼,鼓励他们给予小俊展现自我的机会,让他感受到被班级接纳、被同学认可、被老师寄予厚望的温暖。事实证明,这一做法在很大程度上取得了显著的效果。

二、针对原生家庭

（一）遵照原则，有效沟通

在处理这次出走事件的过程中，我始终依照《关键对话》一书中的两个原则与家长进行交流。第一个原则是明确对话目的，即希望通过这次事件能够改善小俊的在校表现，帮助他跟上班级的节奏。第二个原则是在整个对话过程中始终营造安全感，即让小俊的家长能够毫无心理压力地与我展开沟通，共同探讨问题的解决方案。

我认真倾听小俊父母的讲述，让他们感受到老师对孩子的深切关怀。待他们倾诉完，我看着他们的眼睛，真诚地说："非常感谢你们能来学校支持我们的教育工作。咱们今天坐在这里，不是为了批评孩子，而是为了解决问题。我们都是为了小俊能更好，希望他能跟上"3+4"高考班级的步伐，最终顺利考入大学。"听了这番话，小俊父母的眉头舒展了很多，心理压力也减轻了不少。

随后，我逐一列举了小俊身上的闪光点，诸如心地纯良、思维敏捷等，充分认可了他的优秀品质。在谈及小俊的不足之处时，我特意采用了更为温婉的方式，同时着重强调了他所拥有的进步空间和巨大潜力。

（二）讲明逻辑，改变观念

虽然小俊的家庭条件不错，但是父母仅凭本能去爱孩子，导致孩子能力不足。因此，要想小俊成长，他的父母就必须率先成长。只有父母改变了与孩子的相处模式，孩子才有可能相应地改变自己的行为模式，进而逐步提升能力。而随着能力的提升，他在学校才能拥有自信的支点，从而踏上良性发展的道路。

于是，我抓住这次出走事件，引导家长从细微处审视自己的做法，帮他们看到"没有让孩子充分参与问题的解决、没有让孩子郑重道歉"的弊端。我问小俊的家长："有没有想过，为什么小俊会这样？他出现的问题是他天生就有的吗？是不是咱们的家庭教育出现了偏差？"我委婉地指出家长包办过多，没有把孩子作为一个平等的个体来尊重和对待，并鼓励他们阅读《教育的目的》及听樊登读书会中的家庭教育内容等。幸运的是，家长的学习能力很强，只是因为不懂教育而导致结果偏颇。他们表示愿意改变自己，哪怕每次只进步一点点。

三、针对家校共育

这次"出走事件"后，我主要从以下 3 个方面着手。

（一）明确家校共育目标，促进家长转变，共助学生成长

我再次明确家校合作的共同目标是促进学生的成长，鼓励家长从各个方面进行改变和提升，为孩子的未来发展提供支持。小俊的家长感受到学校对孩子的真心关怀，因此坚定地与我站在同一立场，积极投入学习。

（二）强化家校沟通，肯定家长的改变，激发协作动力

我随时与家长沟通，多谈孩子的可喜变化，尤其是将孩子的进步归功于家长自身的积极改变，让家长感受到他们的学习与转变是有所收获的。其实，家长也是人，人都有追求正向结果的本能。家长一旦看到成效，就会有更大的动力去改变，并积极与班主任协作。

（三）营造包容的班级氛围，强化集体归属感，促进班级团结

我致力于营造包容的班级氛围，引导全班每位同学都认识到我们是一个不可分割的整体。例如在一次班会课上，我举起右手对全班同学说："这只手很有力量，就是这个小指头不给力，干脆不要了，把它砍了吧。"学生们笑着说："老师，别开玩笑了，那是你的手指头啊！"我顺势说："是啊，每一根手指头都是我的一部分，不能因为这根指头短、不给力，就不要它了。同样的道理，无论成绩好坏，每位同学对我来说都是我的孩子，对咱们整个班级来说都是不可或缺的一员。"于是，全班同学都安静下来了……

此外，我私下与任课老师们一一沟通，请求他们每周都能发现小俊的一个优点，并尽量自然地表扬他。事实证明，这一做法的效果非常明显。

📊 对话成效

经过不懈努力，小俊逐渐改掉了懒散的习惯。他干活勤快了，有担当了，学习也努力了，最终在班里找到了自己的位置和价值。这一转变赢得了全班同学的认可。3年后，他成功考入对口大学，与普高学生一同学习、生活，不断挑战自己的极限。

在出走事件之前，小俊的父母从未意识到自己的教育方式存在问题。他们以为提供最好的物质条件就是爱，如给他买名牌风衣，以为跟小俊说"要好好学习"就是管学习了，以为替孩子到学校认错就是配合教育。他们不自觉地替孩子包办了一切，剥夺了孩子的成长机会，让孩子"隐身"了。然而，小俊已经高一了，他不能再在成长的路上"不见"了。他不能逃避，更不能离家出走。出走事件后，小俊失踪了，必须尽快找回！而"成长"中的小俊也不能再迷失，必须引导他找回

自我！

出走事件之后，小俊的父母逐渐意识到自己的教育观念需要改变，并对学校所付出的努力表示感谢，表示要努力学习，提升自己的教育水平。此后，他们一直全力配合班级和学校的工作。

我深刻体会到，作为班主任，要协助家长树立科学的教育观念，引导他们明白在家庭教育中不仅要有爱孩子的心，还要懂得如何去爱孩子。

家校携手助力学生成长

事件描述

小潘，一名中职二年级的女生，自入学以来，便表现出对学习缺乏热情的态度。她无故不交作业，上课时精神不振，甚至经常打瞌睡。她屡次迟到，还频繁以各种理由请假。与同学交流时，她多次提到无法与父母进行沟通。每当遇到问题时，父母总是讽刺和挖苦她。

针对这些问题，我多次与小潘的家长进行沟通，但遗憾的是，并未引起家长的重视。某日，小潘又以头晕为由请假，而她的母亲认为她是装的，坚持让她去上学。晚上，小潘在朋友圈发文："我已经哭了 2 个小时，如果你曾在语言暴力的环境中生活了 16 年，那么你的心情可能会比我更糟糕。我真的受够了！"我将截图发给她的家长，但家长认为孩子连高中都考不上，上职校还这么多事，是他们平日对孩子关心太多了，才会出现这种状况。这一次，家长表示要硬下心肠，就是要治治她，坚决不管她。

事件分析

该案例中问题的根源在于家庭教育方式简单粗暴，导致亲子沟通受阻，冲突加剧。而小潘因进入职校而失去学习目标，内心感到迷茫。

首先，家长对职业教育抱有偏见，认为进入职业学校是没有前途的，因此对孩子选择职业学校持轻视乃至贬低的态度，这种不当观念严重削弱了孩子的自我价值感。

其次，家长在与青春期孩子的沟通上存在问题，缺乏正确的方式，导致亲子沟通不畅。他们忽视了孩子青春期的心理需求，采用简单粗暴的沟通手段，不注重方式方法，并且将孩子的要求视为对权威的挑衅，一律拒绝，从而造成了亲子间沟通渠道的阻塞。

再次，小潘渴望被关注、被尊重的需求未得到满足，从而导致自我存在感很低。进入职业学校后，她失去了目标，缺乏学习动力，内心感到迷茫，因此频繁请假，甚至出现失眠症状。

对话策略

基于班杜拉的自我效能理论、作用机制理论及萨提亚的人际沟通理论,从上述情景分析中可以明确,小潘频繁请假与无故迟到等行为,其根本动因在于她内心深处渴望得到父母的认可,并寻求家庭的归属感。

一、有效沟通,释放情绪

（一）面对面交谈,了解家庭情况

通过面对面交流,我深入了解了小潘的家庭情况。谈话首先围绕她的个人感受展开,我逐步引导她吐露了对父母的真实想法。小潘表示,她内心感到十分孤独,原因在于她妈妈极为强势,要求她必须完全按照妈妈的安排行事。这让她感到非常无奈和无助,觉得自己无力改变现状。每当她未能满足妈妈的要求时,妈妈就会情绪失控,还会长篇大论地讲道理。

（二）开展主题班会,发掘自身优点

在"请你夸夸我"的主题班会上,我们鼓励同学们发现并分享自己的优点。我让每位同学都来说说自己的优点,以及别人喜欢自己的理由。当听到其他同学提及热心助人、有礼貌、跑步快、文笔好、幽默等特质时,小潘羞涩地挠了挠头。我告诉她,不必总是仰望他人,因为她自己就是一道独特的风景。小潘渐渐地在集体中找回了自信,也获得了一定的归属感。

二、家庭指导,凝聚合力

通过微信聊天、电话交流和面对面沟通等多种方式,我耐心地与家长进行了深入对话,帮助他们逐渐认识到需要改变自身的沟通方式,并正视孩子当前存在的心理问题。起初,妈妈非常抗拒孩子说自己不关心她的事。为此,老师多次通过微信将孩子表达愤怒的语言和行为截图发送给她,让她目睹孩子内心的痛苦,以及这种情绪若持续下去可能引发的极端行为及其严重后果。

父母逐渐意识到问题的严重性,并认识到家庭教育的重要性,明白孩子的问题在很大程度上反映的是他们自身的问题。通过观看我推荐给他们的央视纪录片《镜子》,家长开始领悟到,有时他们对孩子的爱反而成了深深的伤害,"问题孩子"的背后往往隐藏着家庭教育的缺陷。

为了帮助小潘的父母建立正确的亲子沟通方式,我针对小潘的家庭情况进行了指导。小潘的妈妈在医院担任会计,爸爸则是物业公司的经理,他们之前对孩子

的管理方式较为简单粗暴。现在,面对如何更好地接近和理解孩子,他们产生了一定的焦虑。

我开始给他们发送一些关于青春期孩子心理变化的视频、家长课堂的内容,以及工作室开发的家长教育指导课程,旨在指导家长如何正确与孩子沟通,试着去了解孩子的需求,稳定孩子的情绪,并洞察孩子真正的需求。人生道理是可以讲的,但应该避免简单粗暴的说教方式。家长不仅要向孩子明确说明规则和底线,还需要掌握恰当的表达方式,以确保孩子能够领悟并遵守。这要求家长根据自己孩子的特点去学习。

家长应学会共情与倾听。当孩子不开心时,家长不要急于表达自己的态度和感受或急于讲道理,而是要放下已有的想法和判断,全身心地倾听并体会孩子的感受。面对问题时,家长应该改变谈话技巧,只说事实,少说结论性或标签性的语言。对于丧失信心的孩子,鼓励和赏识往往是最佳的激励方式。

家长应学会与孩子正确沟通的方法,具体做法是正确运用六秒钟情商法,即在遇到问题时,在愤怒情绪产生之前先按下暂停键,停顿六秒钟,以此来觉察自己当下的情绪,从而避免自己不自觉地进入自动化防御的状态。

家长还应该正确使用非暴力沟通四步法:首先,客观描述发生的事情,但不评价;其次,表达看到这些行为时的真实感受;再次,阐述这些感受背后的需求;最后,明确说出自己的真实需求。针对小潘妈妈对孩子在家中的种种让她感到上火的表现,我建议她提前反复练习如何与孩子沟通。当然,沟通的前提是以平和的语调进行真诚交流。

三、抓住契机,重塑关系

一天早自习,小潘又趴在桌子上说肚子不舒服,但被家长强逼着来上学。我立即通知小潘的妈妈来我办公室。我们先交流了孩子现在的需求,然后交流了妈妈如何和孩子沟通。我叮嘱小潘妈妈一定不要指责和批评孩子,先试着练习运用非暴力沟通四步法,真诚地和孩子道歉,一定要控制住自己的情绪。见到小潘后,妈妈真诚地说:"早晨听到你又要请假,我非常生气。我知道你身体素质一直不错,就误以为你是故意的。你肯定觉得很委屈,觉得妈妈不关心你,妈妈现在向你道歉……"第一次听到母亲道歉,小潘有些诧异,愣住了。我趁机对小潘说:"你其实是可以坚持上学的,但妈妈说话的方式让你觉得非得请假,想和妈妈斗一斗,对吗?"小潘点了点头。我趁机拉起两人的手,让妈妈紧紧抱住孩子。这时,孩子原本僵硬的身体逐渐放松了下来。妈妈接着说:"你早晨说肚子不舒服,我很心疼,也很着急。我不希望你总是请假不上学,以后我们一起锻炼,也不要乱吃东西,好吗？"小潘先是哭了,然后又笑了。这件事后,妈妈更加深刻地反思了自己的表达方式,而小潘也开始表达自己的委屈,这样的积极变化使得母女之间的情感交流变得更加顺畅。

对话成效

　　小潘与父母之间的亲子沟通问题,不可能在短期内得到完全改变。目前,小潘的妈妈尽量避免与孩子发生冲突,并会陪伴孩子一起乘坐公交车上学。同时,小潘的爸爸也积极参与孩子的教育,时常陪伴孩子运动。当孩子在学校有事情时,我有时也会与爸爸联系。这个学期以来,小潘请假和迟到的次数明显减少了,脸上的笑容也增多了,人也变得更加开朗了。这都是父母改变沟通方式所带来的积极影响。

亲子间也"算账"

事件描述

高一第一学期例行检查时,我发现阿圆的手机未按规定上交。按照学校规定,学生如果上下学需要携带手机,就需要在上课期间将手机放在班主任处进行统一管理,放学后再由班主任发放。如果学生违反规定持有手机,那么班主任将暂管手机一个星期,并负责通知家长及告知相关事宜。

在征得家长同意后,阿圆对此处理反应强烈,她以安全为由坚持走读需要用手机,并拒绝接受这一处理结果。阿圆的反应与其他学生存在明显差异。

我再次与家长沟通阿圆的反应后,家长迅速到校要求面谈,并提出希望手机能一直由我保管。学生得知手机可能长期无法取回后,情绪反应更加激烈。

在与家长和阿圆沟通的过程中,我发现阿圆对妈妈的沟通持拒绝态度。每当妈妈开口说话时,阿圆就会扭头不予理睬,这让妈妈感到十分无奈。

手机处理事件因此陷入了僵局……

事件分析

手机管理是中职学校教育管理中的常见问题。虽然学校和班级均有相应的管理制度,但是所呈现的问题具有差异性。阿圆的反应与其他学生截然不同,这提醒我在处理问题时需要灵活多变,从多个角度深入分析,并于细微处寻找解决这起手机管理问题的契机。

阿圆在班级中是一个存在感较低的女生,她沉默寡言,声音低浅,从未与同学和老师发生过任何冲突或不愉快。虽然她的成绩并不突出,但是作为班级"护花小分队"的一员,在护理花草方面却展现出极大的耐心。她的手机外观既干净又可爱,显然被细心呵护。阿圆的这种表现与她在手机管理问题上的激烈情绪反应形成了鲜明对比,这表明她对手机的依赖程度较高,没收手机显然已经触碰到了她的底线。

因疫情防控,我与家长未曾有过面谈,只是通过微信和电话来保持联系,但仍能感受到家长风风火火的性格与对孩子的深切关怀。因没收手机一周的事情,家长特地放下手头工作,亲自到校沟通,并主动提出进一步加强对手机的管理,这样的举动并不多见,超乎我的预料。妈妈解释说,由于经营小饭馆和照顾年幼的儿子,她难以对阿圆的手机使用进行细致的监管。阿圆在初三时曾因玩手机影响学业,未能考入理想的普通高中。进入职业学校后,妈妈希望阿圆能专心学习,为将来升入本科打下基础。因此,她希望通过此次事件,借助班主任的帮助,解决孩子对手机的依赖问题。这体现了家长对家校共育的信任,也反映出家庭在解决孩子手机问题上的无奈。

分析至此,妈妈的焦虑、阿圆的执拗、亲子沟通的不畅及学校和班级规章制度的落实,这些因素相互交织,似乎走到了"山重水复疑无路"的境地。但越是这种时候,我们越要积极寻找契机,力求实现突破。

🔄 对话策略

一、回归问题,寻找解决手机问题的契机

(一)算"亲子"账,缓和亲子关系

阿圆的手机事件,从表面上看是关于手机的问题,但实际上与亲子关系的紧张密切相关。家庭内部未能妥善处理手机使用问题,导致问题扩展至学校,并在学校里暴露出来。因此要解决手机问题,我们就需要从家庭入手寻找契机,而首要任务便是缓和亲子关系。

阿圆对妈妈不仅不帮她要回手机,还要将手机交给班主任保管的做法,感到非常生气。她告诉我说:"妈妈一直不理解我!""无论在初中还是高中,对于我说的话,她从来都听不进去。"孩子并未理解妈妈的付出,没有意识到为生活奔波、忙于生计的父母已无暇顾及孩子细腻的心理变化,更未曾体谅过父母的辛劳。当我引导阿圆去计算"父母上下班的时长"时,她疑惑地看着我,似乎不明白为何在处理手机问题时会提及这样一个看似不相关的话题。我与她沟通了我的想法,明确指出,由于父母每天需要工作长达 15 个小时且每天半夜才能回家,作为即将成年的她,应当学会体谅父母,并看到父母的爱。接着,我又称赞阿圆有一个"聪明的妈妈",这再次让阿圆感到惊讶。阿圆的妈妈确实是一位雷厉风行的女性,当她觉得无法独自处理手机问题时,能敏锐地抓住解决问题的时机,直面家庭问题,并寻求班主任的帮助,这与班内那些一味"护孩子"的家长形成了鲜明对比。听完我的分析,阿圆虽然觉得这与她以往的认知不同,但是觉得颇有道理,不禁点了点头。于是,我建议她要听从妈妈的安排,做好自我管理,并尝试接受妈妈的建议:让老师代

为管理手机。

虽然谈话时间不长，但是这次交流充分肯定了妈妈的价值。通过细算"亲子账"的方式，我相信阿圆内心深处激起了涟漪，这对于缓解她们之间的亲子关系无疑起到了积极的作用。

（二）算"时间"账，舒缓手机分离焦虑

在与手机分离的过程中，我们需要帮助极度依赖手机的阿圆做好心理建设，循序渐进地实施计划。由于阿圆违反了学校规定，手机被没收 7 天的处罚仍需要正常执行。而妈妈提出的"7 天不见手机"的要求，显得有些过于严厉。考虑到阿圆的心理需求，我对妈妈的建议进行了调整，改为"代为保管 5 天 4 晚"，并提议如果阿圆在期中或月考中成绩提升 5 名，就减少一晚上的保管时间。周末使用手机的具体时间段也被具体规定，以确保不会影响到晚上的睡眠。在这段时间内，手机将由奶奶负责保管，直至妈妈晚上 10 点下班回家。

经过仔细计算后，阿圆发现她将会有"7+5"个白天和"7+4"个晚上接触不到手机，于是她立即表示不满。经过协商，我们同意在第一周的周五让阿圆取回手机，并在接下来的 3 周里通过增加使用时间来作为补偿。

这些看起来绕来绕去的"时间"账，实际上有效缓解了阿圆的手机分离焦虑。在反复调整时间设定的过程中，阿圆也逐渐理解了老师和家长的良苦用心，避免了抵触情绪的产生。

（三）把握契机，强化管理

为了缓和亲子关系，我们精心算好了灵活的"时间"账。在这个过程中，阿圆得到了应有的尊重，她的被认可需求也得到了满足。因此，她对学校、班级和妈妈的管理方式有了明显的缓和态度。

二、针对家长，指导亲子沟通

阿圆妈妈所面临的手机管理难题及亲子沟通挑战，是众多家庭在教育子女过程中普遍会遇到的问题。掌握与青春期孩子进行有效沟通的方法，是化解家庭亲子矛盾的基础与关键。为此，我们提出以下亲子沟通的技巧。

（一）亲子间要能"面"见

亲子之间保持面对面的交流。虽然忙于生计十分辛苦，但是父母仍需要与孩子进行面对面的交流，以确保孩子能感受到自己的真实存在。通过陪伴孩子，父母应该鼓励孩子直接表达内心的情感，而不是仅仅通过网络进行交流。

（二）管理手机宜"疏"不宜"堵"

对于成长在信息时代的孩子而言,手机已成为生活的一部分。虽然学生时期不宜过度使用手机,但是也不能完全禁止。因此,父母应引导孩子正确使用手机,或与孩子通过协商来确定合理的手机使用时间。

三、委以"重"任,充实业余时间

虽然阿圆并非出类拔萃的学生,但是在新学期,我还是任命她为专业课课代表。我希望在信任和期许中能够增强她自我管理的信心和能力。在任命当天,她惊喜而又庄重地点头接受了。开学数周后,作为课代表,她收发、统计作业的工作都做得有条不紊。

📊 对话成效

这次手机管理问题虽然发生在学校,但是根源在于亲子沟通不畅。解决问题的关键在于消除孩子对妈妈的抵触情绪,并适当满足孩子的自我需求,方法在于平衡亲子关系与合理规划手机使用时间。对话后,孩子能坦然地面对应承担的责任,即使班级手机管理员偶尔误将手机发给她,她也能轻声提醒并归还。

寒假过后,她不再带手机上学了。我开玩笑地问她:"是不是假期里没有合理地使用手机?"她没有回答,我俩却相视一笑。我暗自猜测,这种可能性不是没有。虽然她可能在假期里偶尔违反了妈妈的规定,但是母女俩已经能够自行妥善解决手机问题,无须班主任介入,这无疑是亲子沟通的一大进步,同时也体现了学校教育的成效。

打开心结，找回自我

📝 事件描述

由于我所带的班级是高考班，因此自入学起，我们每个月都会组织一次考试。第一次月考成绩出来后，小榕同学的表现令我极为惊讶，他从刚入学的前几名滑落至 30 多名。望着他的成绩，我很纳闷，为什么会下降这么多呢？他上课时明明十分认真啊！于是，我找来了小榕，但他并未向我透露原因，仅表示接下来会努力学习，认真考试。我觉得也不能因为一次考试成绩下降就认为孩子有问题，可能是他刚到新环境，还没有适应这种新的学习生活。然而，一个月后的第二次月考，他的成绩不仅未见起色，还比上次更低。一次考不好或许是不适应，但连续两次都考得不好就说明不仅仅是不适应的问题了，肯定还有别的原因。

🔍 事件分析

小榕入学时成绩在班级前几名，这说明他的基础是不错的，那为什么连续两次月考的成绩都呈下降趋势呢？他上课时总是端坐听讲，看似十分认真。难道是学习其他科目时不够专心？但各科老师均反馈他听讲认真，无异常表现。课堂上没有找到原因，我又找到小榕的同桌和舍友了解了情况。据他们所述，小榕虽然看似认真听课，但是经常走神，有时甚至不清楚老师讲到何处，布置了哪些作业。在宿舍里，小榕变得沉默寡言，与初入学时侃侃而谈的模样大相径庭。问他原因，他也不吱声，而同学们也没有跟他闹矛盾的。

了解到这些情况后，我推测小榕的问题或许与家庭有关。既然他自己不愿开口，我就联系他的家长。与小榕父亲沟通后得知，小榕的父母最近关系不太好，总是吵架，导致小榕的母亲一个人出去打工，都没有告诉家人去了哪。因此，小榕非常想念母亲，却无法联系到她。父母关系的紧张及母亲的不辞而别，让小榕感觉不到妈妈的温暖，情绪受到影响，难以专心学习，从而导致两次月考成绩急剧下滑。

对话策略

一、合理运用共情，打开心结

由于父母关系的问题，小榕封闭了自己，不愿与同学和老师分享自己的感受，即便与他谈话，他也只是敷衍了事。针对这种情况，我再次找小榕谈话。我先表达了对他成绩下降的理解，并分享了自己高中时的一些学习经历。他听完我的讲述后，问道："老师，你上学的时候成绩也下降过吗？"我回答说："是的，但我找到了原因，并与老师一起探讨了解决办法，最终考上了理想的大学。老师也希望你能敞开心扉，告诉我成绩下降的原因，我们一起商量对策，好吗？"他若有所思地点点头，说："老师，我父母已经闹矛盾很久了。妈妈离家打工去了，没有告诉我们她在哪里。我和爸爸都找不到她。我总觉得是因为我中考没考好，把妈妈气走了。我还觉得自己是他们的累赘，如果没有我，他们就不会闹成这样。我来到这里后，因为脑子里总是浮现出妈妈在家时的温馨画面，所以上课总是走神，跟不上老师的思路，成绩就一直下滑。老师，你说我该怎么办？"小榕一股脑把自己成绩下滑的原因说出来，我说："妈妈离家让你很难过，你一度觉得是自己的原因，所以很自责，是吗？"他点了点头。我继续说："但你想过没有，妈妈离开真的是因为你中考没考好吗？还是另有原因呢？"他想了想，说："之前妈妈对我很好，从没因为学习的事跟我生气，就是最近跟爸爸闹矛盾后才离开家的。"我回应道："对呀，有时候小孩子并不理解大人的事情，所以小孩子不能因为他们的事情而影响自己的学习。即使妈妈不在家，她也一定希望你好好学习，将来有出息。总之，不管父母关系如何，你始终是他们的孩子，是他们的宝贝。不要把错误归咎在自己身上，这样会让自己活在愧疚中。"

此外，我还给他讲解了情绪 ABC 理论，即 A 代表诱发性事件，B 代表个体对 A 产生的一些看法和解释，C 代表由此产生的情绪和行为结果。通常人们认为 A 直接导致 C，但实际上，不合理的信念 B 才会导致 C。因此，我们要纠正不合理的信念，避免"过分绝对化要求""过分概括化"和"糟糕至极"等想法。

听完我的话，小榕说："谢谢老师帮我解开了心结，我以后有想不通的时候可以找你聊聊吗？"我回答说："当然可以，以后有事情一定要说出来，千万别闷在心里，这样会好受很多。"

二、及时与家长沟通，了解情况

小榕成绩下滑后，我及时联系了他的父亲，了解了家中的一些情况。小榕的父亲对妻子离家感到自责，并表示以后除了工作，会多关心孩子，弥补妈妈离家这段

213

时间的缺憾,同时也会尽快将她找回。后来,我通过微信(小榕刚入学时加的微信)与小榕的母亲沟通,她表示这段时间因自己的事情导致孩子学习下滑,感到非常内疚,会尽快回家,不给孩子增加心理负担,让孩子一心扑在学习上。

三、营造温暖氛围,提供支持

我在班级里开展了多次与父母和同学有关的主题班会,让小榕充分感受到了班级的温馨和同学们的关怀。同时,我也将小榕的情况告知了各任课老师,请他们在平时多关注他,使他感受到老师的关爱。

对话成效

在父母、老师和同学的关怀下,小榕的性格又像以前一样了。虽然成绩提升幅度不大,但是他上课时很投入,积极向同学和老师提问。我相信有这种学习态度,他的成绩肯定会越来越好。

当学生出现问题时,我们只有探究问题的根源,找出原因,才能对症下药,从根本上解决问题。正因为我了解到小榕的变化是因为家庭因素,所以才得以找到恰当的解决方法,帮助他解开心结,找回自我。

勇敢面对，走出阴霾

事件描述

　　一个周日的下午，我接到了小清妈妈的电话。电话中，小清妈妈带着哭腔对我说："老师，麻烦你帮我劝劝孩子吧。他最近总是闹情绪，不跟我说话，也不告诉我任何事。周末回来就躲在房间里玩手机，真是让人头疼。今天下午，他冷冷地跟我说：'我下午不回学校了，你帮我请假吧。'老师，你说我养他这么大，他一点儿都不理解我的苦心，整天就知道惹我生气，现在还连话都不跟我说了。我也不知道怎么惹到他了，他就是不想回学校，真是气死人了！老师，他比较听你的话，麻烦你一会儿打个电话劝劝他，好吗？千万别说我给你打过电话，好吗？"我在电话这头赶紧回应："好的，小清妈妈，您先别着急，我等会找时间跟他沟通一下。"由于小清患有癫痫，他经常跟妈妈闹矛盾，这已经不是我第一次接到小清妈妈的求助电话了。

事件分析

　　小清是一个极为安静的孩子，学习不够努力，成绩也不出众。在班级活动中，他虽然不算积极，但是从不拖后腿，也没给老师和同学添过麻烦。有一点让我很疑惑：小清时常请假，并且理由总是身体不适。刚入学时，我看他长得又高又壮，觉得他不像生病的样子，一度怀疑他在撒谎。后来，通过与他妈妈交流，我得知小清因5岁时的一次发烧得了癫痫。从那时起，妈妈便带他辗转于北京、上海等地求医，但效果并不理想。药物能稍许控制病情，然而一旦劳累、压力大或休息不好，都可能引发癫痫。由于身体原因，妈妈对他格外溺爱，从小就对他有求必应，也从不让他插手家中的家务活。上初中时，同学们都上早晚自习，而小清的妈妈从未让他上过，理由仅仅是因为小清自己不想上。正因如此，小清渐渐失去了学习的兴趣，导致中考成绩很不理想。

　　小清现在的状态，与他妈妈的娇惯有很大的关系。一方面，妈妈长期对小清有求必应，导致他认为妈妈为他所做的一切都是理所当然的，一旦不顺心就会闹情绪，不理妈妈，甚至躲在房间里。另一方面，由于患有癫痫，进入新学校后，小清担心老师和同学知道他的病情,害怕同学们看到他发病时的样子而嘲笑他。根据美国心理学家埃里克森的人格发展八阶段理论,青春期的孩子主要任务是建立一个新的同一感或自己在别人眼中的形象,以及他在社会集体中所占的情感位置。小清正试图在新学校重塑自己的形象,但总是担心犯病会影响自己在同学心中的形象,因此时常想要请假。癫痫成为他心中一道难以跨越的障碍。

对话策略

一、勇于面对,改变认知

发生这件事后,我立即打电话跟小清进行了沟通。他当天下午便来到了学校。到校后,我又找他长谈了一次。交谈中,他向我倾诉了癫痫给他带来的痛苦。由于患病,他时常会觉得活着没意思,甚至觉得自己是父母的累赘。他有时想为父母分担些家务,而妈妈担心他劳累,总是阻止他,这让他觉得自己在家里一点用也没有。他十分渴望上学,但又总是担忧自己会犯病。

了解了小清的想法后,我说:"我能理解你这种矛盾的心情。在家里,因为妈妈不让你做任何事情,所以你觉得自己一无是处。而在学校,你虽然感到很开心,但是担心犯病会损害自己在同学们心目中的形象。然而,你有没有把你的这些想法告诉过妈妈呢?"他摇了摇头,说自己常常和妈妈冷战。这样做时,他心里也很不好受,但很难控制自己的情绪,稍有不顺心就想和妈妈闹情绪。他还向我讲述了这个周末与妈妈闹情绪的事情。

听完他讲述的事情经过,我对他说:"其实父母都是为自己的孩子着想的,但我们往往会把最坏的脾气留给最亲的人,因为他们不会真的跟我们计较,而我们却在无意间伤害了他们。就像你的妈妈,她其实是最关心你的人,但你的冷战一次又一次地伤害了她。你有这种病,你的妈妈心里是最难过的。她想尽办法为你医治,但始终不能根除。你有想过妈妈的感受吗?"听到这里,他哭着说:"老师,我回家后一定跟妈妈道歉,跟她好好谈谈,不能仗着自己的病老跟妈妈闹,争取迈过癫痫这道'坎'。"

二、家长理解,冰释前嫌

跟孩子沟通好了后,我又跟小清妈妈进行了沟通,指出了她在教育孩子方面的一些问题。妈妈并未深入了解孩子不愿上学的真正原因,反而误以为是自己惹恼了孩子。由此可见,妈妈对问题的定位不对(可能每次孩子有问题时,妈妈总是认为自己惹到孩子了),这加剧了亲子关系的紧张,导致孩子不愿与妈妈交流,问题随之产生。听到我这么分析,小清妈妈意识到了自己的问题,并打算好好跟孩子聊聊,走进孩子的内心世界,而不是肤浅地把责任归咎于自己怎么惹到孩子了。

此后,我经常跟小清的妈妈进行沟通,交流孩子在家和在校的表现,并一再告诉她不能一味地娇惯孩子,要了解孩子内心的真实想法。不能把"自己以为不干活就是对孩子好"的想法强加给孩子,这样做无形中会让孩子感觉自己跟别人不一样。因此,家长要及时了解孩子的想法,主动与孩子沟通。我还向家长介绍了亲子沟通的 3T 原则:共情关注、充分交流、轮流谈话。

三、同学互助,走出阴霾

因为小清经常请假,所以班级里的同学对他的病也有了一定的了解。与小清预想的不同,同学们并没有嘲笑他,而是在平时的学习和生活中默默地关注他,让他感受到了同学的关爱和班级的温暖。我在班级内召开了"相亲相爱一家人"的主题班会,让小清再次感受到了老师和同学对他的爱。

🗠 对话成效

小清虽然偶尔还是会请假,但是与妈妈的关系缓和了很多。每次与小清妈妈交谈时,她总感慨地说:"多亏了学校和老师,否则她和小清还不知道会冷战多少次呢;幸好有了学校和老师的教导,小清才能鼓起勇气,走出困境。"

作为老师,我们不仅要关心学生的学习,还要重视家庭教育指导,确保每个孩子都能健康快乐地成长,同时让有缺陷的孩子也能勇敢地面对生活。

阅读改变家庭沟通的姿态

📝 事件描述

暑假里的一天,班里小芸的妈妈向我倾诉了她的困扰。随着与孩子相处时间的增长,她在与孩子沟通与交流时遇到了越来越多的难题。以往那种"打一巴掌给个甜枣"的教育方式已不再奏效,孩子对她爱理不理,而越是批评,孩子越是不愿意学习。因此,小芸妈妈越来越着急上火,对孩子也没好气。同时,她也意识到自己的教育方法需要改正,但却不知从何入手。

🔍 事件分析

该事件暴露出家长在家庭教育中缺乏科学的教育理念与方法,以及教育胜任力不足的问题。小芸正处于青春期,逆反心理强,加之贪玩,学习习惯不良,极易引发母亲的焦虑与不满,进而造成家庭沟通不畅。

班主任需要承担起家庭教育指导的责任,运用专业知识为家长赋能,有效激发家长主动学习和寻求改变的意愿与行动。班主任应该引导家长通过阅读专业图书来深入了解青春期孩子的生理和心理特点,学会非暴力沟通、关键对话等技巧,从而改善不良沟通的姿态,营造和谐的家庭氛围。家校应该携手合作,为学生的健康成长保驾护航。

👥 对话策略

一、深度对话,追本溯源

接到小芸妈妈的反馈后,我与她进行了多次深入沟通。在交流中,我了解到小芸妈妈长期以来的家庭沟通方式以指责和超理智为主。小芸妈妈说道:"我和很多家长一样,懵懵懂懂地成为母亲。当孩子进入小学阶段,我给孩子讲解题目时,她总是不认真,这时我就会随手给她一巴掌以示威慑。之后再给她讲解时,孩子便会含泪认真听讲。我自认为既慈爱又威严,但孩子并未感受到我的慈爱,反而对威严刻骨铭心。幸运的是,我的大女儿非常自律,让我省心不少。然而到了小芸这里,我过去的方法仿佛失去了魔力。因此,我与上小学的小芸开始了像猫捉老鼠一样的较量。到了初高中,孩子的逆反情绪越发强烈,我也感到束手无策。"我对小芸妈妈的坦诚表达了感谢,并对她给予孩子的高度关注表示敬意。同时,我也谈及了自己在家庭教育中的遗憾,并鼓励小芸妈妈和全班家长一起加入家庭教育的专业学习中,为孩子提供更好的支持。小芸妈妈欣然同意。

二、专业阅读,改变沟通

我了解到班里存在亲子沟通不畅的家庭为数不少,为了营造更和谐的家庭氛围,提升家庭教育的效果,我特意组织了暑假亲子共读活动,分享了樊登读书会推荐的22本适合学生和家长一起阅读、分享与交流的家庭教育图书。同学和家长积极参与,纷纷分享了亲子共读的感悟。亲子共读活动有效改善了家庭的沟通方式,增进了彼此间的感情。小芸妈妈在学习感悟中写道:"《非暴力沟通》这本书为我带来了一次极为有益的听读体验,当天晚上我还进行了一次实践演练。当时,老公因琐事而大动肝火,而我在运用非暴力沟通的方式时情绪稳定、思路清晰,使得沟通顺畅有效。他的情绪也渐渐地平复了许多。我对自己沟通方式的变化感到十分欣慰。'正面管教'这堂课同样给我留下了深刻的印象。学完后,我明白了,如果想让孩子成为一个有自驱力的人,就应该让她拥有不被父母过度控制的人生。以前,我过于关注孩子的成绩,过多的指责也让孩子觉得自己一无是处。那天晚上回到家,我抱着女儿泪流满面,对孩子说:'对不起,孩子,你作为我的女儿受苦了,我也需要学习如何做一个好妈妈,以后我们一起努力!'从那以后,孩子愿意与我交流了,这让我深切地感受到了爱的力量。"

三、榜样父母,互学互鉴

临近开学,结合班级亲子共读活动,我在线召开了班级亲子交流会。会上,同学们评选出了榜样父母,并邀请这些榜样父母结合暑假期间的专业阅读,分享了亲子故事。此举让家长们在互学互鉴中共同进步,有效提升了家庭教育的胜任力,为学生的健康成长营造了良好的家庭环境。

📊 对话成效

整个暑假的家庭教育专业阅读活动激发了家长和学生对家庭教育研究的热情。大家结合家庭实际情况不断反思,及时更新家庭教育观念,使得家庭教育氛围不断优化。小芸与父母的关系也不断升温,她在学习感悟中写道:"以前的我,面对爱指责、爱唠叨的妈妈，总是把很多事情憋在心里，实在憋不住时就找闺蜜倾诉，然后一起抱怨母亲的言行。那时候，我对学习提不起半点兴趣。但自从学习了樊登读书会的内容后，我逐渐意识到了自己的错误，并开始认真对待老师布置的每一项任务。即使偶尔有遗漏的，也会在母亲的督促下及时补上。通过深入学习老师分享的课程，母亲也认识到了她之前教育方法的不足，并向我诚恳道歉。在我们家，这些都是以前想都不敢想的事情。这些积极的变化让我很开心，现在我也越来越喜欢和母亲交流了……"

妈妈，请您不要这样教育我

📝 事件描述

  虽然小袁与同学产生了一点小矛盾，但是在老师的调解下，两人最终冰释前嫌，握手言和。然而，一向性格强势的妈妈认为小袁在处理此事时过于忍让，打算亲自去找老师理论，而小袁则坚决反对妈妈的这一介入行为。妈妈觉得自己的好意没有被儿子理解，而小袁则认为自己已经长大，能够独立处理问题。清晨，在上学之前，母子俩又因为此事爆发了激烈的争吵。恰巧在语文课上，老师布置了一项写家书的作业，小袁便鼓起勇气，给妈妈写了一封信。

🔍 事件分析

  本次语文写作课上，小袁的文章揭示了亲子沟通不畅的问题。为此，班主任需要结合日常工作，积极展开家庭教育指导活动，引导家长认识到自身教育理念的不足，并及时调整沟通的姿态，学会以谦逊温和的态度与孩子相处，实现从单向灌输到双向互动的转变。家校双方应当紧密携手，共同努力，为中职生的健康成长营造更加良好的环境。

👥 对话策略

一、深入了解，搭建桥梁

  通过仔细阅读小袁写给妈妈的信件及与他本人的深入交流，我了解到小袁妈妈在日常家庭教育中掌控较多，这让小袁感到十分苦恼。他在作文中这样写道："在您眼里，我似乎永远是长不大的孩子，您总是担心我会吃亏上当。自从上初中以来，我开始变得叛逆。每当我们的意见出现分歧时，您总是坚持认为自己的做法是正确的，并要求我必须按照您的意思去做。如此一来，我们几乎一天一小吵，两天一大吵。"

二、书信沟通，增进理解

我将信件转交给了小袁妈妈，并建议她给孩子回一封信。小袁妈妈表示，在看完孩子那篇《妈妈，请您不要这样教育我》后，她认真地反思了陪伴孩子成长的点点滴滴。她说："确实，在孩子这 16 年的成长过程中，我对他的干涉很多，无论是严格控制他使用手机的时间，还是过度干涉他与朋友的交往，乃至在处理他与别人之间的矛盾时，我都显得过于强势。这些过多的干涉让孩子感到很不开心，也很有压力，对此我深感愧疚。"

三、改变姿态，和谐温暖

我给小袁妈妈分享了《关键对话》这本书的听书链接，并建议她听完后与孩子好好展开对话。小袁妈妈听完后，告诉我她受益匪浅，深刻意识到自己在家庭教育中需要改变不良的沟通方式，同时也认识到孩子已经长大，有了自己的能力和判断力。此时，作为家长，我们应当学会适时放手，让孩子勇于尝试，自己解决问题。就在当天晚上，小袁妈妈与儿子进行了一场耐心且平和的交流，时长达到一个半小时。最终，小袁妈妈赢得了儿子的理解与共鸣。次日早上，小袁在上学路上发现校服兜里有一封信，虽然信不长，但是字里行间流露出的深情深深触动了他的心弦。妈妈信中的每一句"抱歉，我的宝贝儿子"都让他深感内疚，后悔自己一次又一次让妈妈失望。他还说，这次书信交流的结果出乎意料，他理解了妈妈之前的一些想法和做法，自己的表达也得到了妈妈的理解和支持。他们达成了共识，结果令人愉快。他们彼此希望在今后的日子里，能继续友好而愉快地交流，真诚地对待每一次对话，共同进步，一起加油，迎接美好的明天！

四、交流分享，共同成长

一向不喜欢写作的小袁后来对我说："这是我第一次这么喜欢语文课，这么喜欢写作文！写的时候，字数要求对我来说已不复存在，我只想把心里话写出来。写完之后，我真的感觉很畅快。老师的鼓励也给了我很大的勇气。"那天，在上作文讲评课时，同学们都听得非常入神，教室里时不时传来抽泣声。课后，有同学说："今天被语文课触动了。"这堂作文课，在同学们眼中已不再是普通的作文训练课，它更像是一座连接同学与家长的桥梁，促进了亲子共同成长。

对话成效

通过书信交流与面对面的沟通，小袁与妈妈之间的关系愈发融洽且和谐。小袁妈妈感慨道："人无完人，父母也不是无所不能的。然而，你始终毫无保留地爱着我们。因此,我也应该无条件地爱你,珍视并欣赏你的优点,宽容地接纳你的缺点,积极地向你学习那些美好的品质,携手共进,一起克服和改善各自的不足,而非仅仅聚焦于你的瑕疵。"小袁则向妈妈深情地表达:"从今以后,我将努力地做好自己,活出属于我的独特精彩!因为通过这次写作与深度交流,我深刻地感受到了妈妈对我的爱。为了我的健康成长,妈妈做出了许多改变与努力。现在,每当与妈妈交谈,我的内心都充满了无比的幸福与满足。"